ÉTUDES MONTAIGNISTES
sous la direction de Claude Blum
29

La Citation et l'art de citer dans les *Essais* de Montaigne

Cet ouvrage a été publié pour la première fois en 1997
dans la collection *Études montaignistes* dirigée par Claude Blum.

Michael Metschies

La Citation et l'art de citer

dans les *Essais* de Montaigne

Traduction de Jules Brody

PARIS
CLASSIQUES GARNIER

Michael Metschies, docteur en études romanes de l'université de Cologne, a participé à renouveler les études montaignistes. Sa thèse sur l'usage de la citation dans les *Essais* a ouvert la voie à des travaux majeurs tels que *La seconde main ou le travail de la citation* d'Antoine Compagnon (Paris, 1979) et *La copie de Montaigne* de Christine Brousseau-Beuermann (Paris-Genève, 1989).

Réimpression de l'édition de Paris, 1997.

ISBN 978-2-406-13328-5 (livre broché)
ISBN 978-2-8124-5720-3 (livre relié)
ISSN 0986-492X

REMERCIEMENTS

Qu'il me soit permis de reconnaître ici le généreux concours de mon collègue et ami, Heinz Zoldester, qui, tout au long de ce travail, m'a fait profiter de son sens exquis des complexités et des nuances de la langue allemande.

Comme souvent dans le temps, les conseils stylistiques de Claude Doubinsky m'ont été d'une aide indispensable.

Pour sa lecture du manuscrit final, comme pour son expertise de latiniste, Christine Brousseau-Beuermann mérite, une fois encore, ma reconnaissance toute spéciale.

Envers Claudie Balavoine j'ai une dette de gratitude particulière pour sa révision minutieuse de mes traductions des textes néo-latins.

NOTE DU TRADUCTEUR

Le présent travail fit l'objet d'une thèse, écrite sous la direction des professeurs Fritz Schalk et Joseph Piel et soutenue devant la Faculté de philosophie de l'Université de Cologne le 19 février 1966. Elle fut publiée sous le titre *Zitat und Zitierkunst in Montaignes «Essais»*, dans les *Kölner romanistische Arbeiten*, neue Folge, Heft 37, Genève, Droz/Paris, Minard, 1966.

Dans les pages qui suivent, le texte de Montaigne est cité d'après l'édition Villey-Saulnier, au lieu de celle d'Armaingaud, vieillie et devenue largement inaccessible, employée par l'auteur. Dans les citations des *Essais*, l'orthographe et, ici et là, la ponctuation ont été modernisées. Pour les mots disparus de la langue depuis le seizième siècle, j'adopte systématiquement les graphies utilisées dans la *Concordance* de Roy E. Leake

Les passages latins allégués par Montaigne sont partout suivis des traductions françaises fournies dans l'édition Villey-Saulnier. Quant aux passages latins et grecs que l'auteur cite de son propre chef, ils sont accompagnés et, dans le cas des textes grecs, régulièrement remplacés, par des versions françaises empruntées aux traductions courantes. Une poignée de citations latines sont données, faute de mieux, dans des versions de mon cru, parafées de mes initiales.

Pour des raisons tant économiques qu'esthétiques, j'ai entrepris de simplifier et d'alléger, dans la mesure du possible, les notes en bas de page de Michael Metschies, en prenant pourtant toujours soin de ne rien sacrifier de son apport personnel. La substance d'un certain nombre de notes, qui me paraissaient mériter un plus fort éclairage, a été incorporée, sans indication spéciale de ma part, à l'argument central de l'auteur. La grande majorité des notes qui restent sont réservées aux indications bibliographiques et aux commentaires historiques et méthodologiques de l'auteur.

De façon générale, les renvois aux sources primaires et secondaires, signalés sommairement par un nom d'auteur et un numéro de page, sont intercalés entre parenthèses dans le corps même du texte. Des renseignements bibliographiques plus complets sont fournis dans la liste des *Ouvrages cités* à la fin de ce volume.

Mes rares interventions personnelles, limitées aux notes, sont présentées entre crochets et suivies de mes initiales.

MONTAIGNE ET LA TRADITION HUMANISTE DE LA CITATION

Il est traditionnel de lire les *Essais* de Montaigne comme si c'était un de ces livres, dont il y a eu tant depuis, écrits à la première personne par des auteurs éponymes, pour le simple plaisir de parler d'eux-mêmes et de dire ce qu'ils pensent. *Ipse dixit* : "C'est moi-même la matière de mon livre" (Au lecteur). Mais cette approche des *Essais* comme "livre du Moi" – "The Book of the Self" pour parler comme Richard Regosin – n'est pas tout à fait fidèle à leur réalité génétique et substantive. Car la croissance du livre de Montaigne est marquée, dans les faits, par un paradoxe majeur : l'épanouissement du discours personnel entraîne un recours concomitant, progressivement plus fréquent, au matériau de seconde main qu'offrait le corpus des lettres gréco-latines. Plus Montaigne écrit et s'écrit, plus il cite ses illustres prédécesseurs anciens ; plus fermement il a l'air de vouloir exprimer son individualité, plus volontiers il verse dans l'altérité. Son livre transmet donc un double message : il proclame en français, "Le texte, c'est moi" ; il ajoute en latin : "Je est un autre".

Les *Essais* sont donc d'emblée un livre impur, mélangé ; la consistance de sa composition et l'intégrité de son message sont compromises par l'apport chronique de matières étrangères – les exemples, les allusions, les anecdotes, surtout les citations. Les intentions et les idées apparentes de Montaigne sont souvent obscurcies, souvent carrément contredites, par une pléthore d'opinions rapportées de ses sources antiques. La parole du sujet parlant, parole personnelle et émouvante si jamais il en fut, est toujours en péril d'être égarée, étouffée, dans ce chorus de voix concurrentes qu'on entend résonner à travers les nombreuses citations latines qui encombrent les pages des *Essais*.

Voilà pourquoi les citations de Montaigne ont eu une si mauvaise presse ; comme des voitures mal garées, elles gênent. Les premiers lecteurs les percevaient déjà comme des monceaux d'ivraie bloquant l'accès au bon blé du texte français. Déjà en 1580 on ne savait pas trop bien sur quel pied il fallait aborder ce texte clouté d'emprunts. Aujourd'hui, à plus forte raison, en dépit de l'important outillage scientifique dont nous disposons, il est plus difficile encore de surmonter le sentiment d'étrangeté qu'inspirent ces îles flottantes d'italiques qui jonchent les pages du livre de Montaigne. Même pour le lecteur instruit, bon latiniste, il n'est pas toujours évident en quoi telle citation est pertinente pour ce qui nous semble être le message central de l'auteur.

C'est une grande ironie historique, régulièrement passée sous silence, que les *Essais* de Montaigne se présentent au public lecteur, entrelardés de citations le plus souvent anonymes et non traduites, comme si ce public était constitué surtout des Juste-Lipse et des Émile Pasquier de ce monde, alors que la grande majorité des récepteurs de ce livre si étrangement mélangé risquent, c'est bien le cas de le dire, d'y perdre leur latin. Il est toujours utile de noter qu'à l'aube du 17e siècle, il était devenu impossible pour Marie de Gournay, et à son très grand scandale, de faire rééditer les *Essais* à moins que toutes les citations latines ne soient identifiées et traduites. Quoi qu'il en soit, les lecteurs vraiment "suffisants" de Montaigne ne paraissent jamais avoir été une race robuste ou nombreuse. Au contraire, la thèse de Christine Brousseau-Beuermann est là pour nous rappeler que les grandes étapes de la réception de Montaigne coïncident, à ses conjonctures majeures, avec les attitudes de ses divers lectorats à travers les siècles envers le contenu latin des *Essais*. Et de nos jours, même dans les milieux savants et scolaires, où ce contenu devait être accueilli avec le plus d'intérêt et de compréhension, il est indéniable que ces mots latins, dont Montaigne assaisonne si libéralement et avec tant de soin son texte français, sont rarement pris en ligne de compte dans les discussions de ses “idées”.

En rapportant le texte de Montaigne, pour établir, comme on le fait toujours couramment, sa position sur tel ou tel sujet, on remplace normalement, automatiquement, ses citations latines par des points de suspension. A cet égard, les *Pages immortelles de Montaigne* publiées par André Gide en 1939 suivirent l'exemple des “esprits” de Montaigne du 17e siècle en effaçant toute trace des citations latines. Cette excision ne faisait que refléter les habitudes et les goûts du lecteur moderne pour qui il était devenu tout à fait normal – et cela depuis des siècles – d'écarter, voire de censurer, les citations de Montaigne comme si elles n'avaient pas été destinées à être lues.

Comme Floyd Gray le signale dans un livre récent, Montaigne ne cite *stricto sensu* que bien rarement. Les textes latins qu'il rapporte sont parfois modifiés, leur syntaxe est souvent remaniée, leur champ d'application sensiblement déplacé. Mais même lorsqu'il laisse ses soi-disant “emprunts” totalement intacts, il en réduit considérablement l'altérité en supprimant plus ou moins sytématiquement les noms d'auteur. Ce geste net d'appropriation est en soi un témoignage assez éloquent quant au caractère hybride de son discours. Il mélange le latin et le français comme si l'un et l'autre était de son cru. Pour ses premiers lecteurs, par ailleurs, le procédé citationnel de Montaigne était nettement insolite. Alors que certains le critiquaient, Jean-Pierre Camus le trouvait tout à fait à son goût : “J'approuve sa mode de citer [...] sans citer” (p. 427).

Il y a quelques années Françoise Joukovsky a demandé dans un article brillant : “Qui parle dans le livre III des *Essais ?* ”. Il ressort de cette étude que l'essai montaignien “est [...] riche d'une polyphonie qui en fait le contraire d'un journal intime” (p. 819). Qui parle dans les *Essais ?* Le dénommé Michel de Montaigne bien sûr. Mais nous ne cessons jamais d'y entendre aussi, mêlant leur voix à la sienne, que ce soit en l'appuyant ou en le contredisant, les principaux animateurs de la culture classique à laquelle le futur auteur des *Essais* joignait son destin sans le savoir, en recevant l'éducation qu'il a reçue et en devenant le latiniste qu'il est devenu.

Comme tout écrivain de la Renaissance, comme tout grand écrivain tout court, Montaigne fut d'abord et longtemps lecteur. Devenu enfin "auteur", ce fut non pas, comme souvent depuis la fin du Classicisme, en opposant une nouvelle "autorité" à celle de ses prédécesseurs, mais en associant ses goûts, ses ambitions, et ses talents, même si ce devait être parfois dans un esprit adversatif, à la tradition qui l'avait nourri. Ce n'est qu'en tant que partenaire dans cette tradition (< *trado*=transmettre) que l'on peut avoir part, dans sa capacité de lecteur, à la *res litteraria* et au bien culturel "traditionnels" remis de main en main et de génération en génération. De récepteur devenu "auteur" (< *auctor* < *augeo*= augmenter), l'écrivain humaniste saisissait l'occasion d'accroître à son tour ce patrimoine, à force d'alléguer les paroles de ses devanciers, et de joindre sa propre réflexion et son propre discours aux leurs. Car ce n'est qu'en accomplissant ces gestes fraternels d'adoption et de réciprocité, qui est en même temps une vigoureuse démarche de continuité, que l'on put, selon les normes de la tradition humaniste, comme le signale Gerald Bruns, faire son entrée dans l'histoire.

De nos jours, il est devenu comme inévitable de célébrer principalement en Montaigne l'inventeur de la conscience de soi et le père de la subjectivité dite "moderne". Cette croyance à la primauté du sujet dans les *Essais* est sans doute le plus tenace et le plus influent des présupposés de la critique montaigniste moderne. Et cependant, ce culte quasi irrésistible du moi montaignien est en même temps on ne peut plus éloigné de la réalité textuelle des *Essais*, tels qu'ils ont toujours existé noir sur blanc. Tout l'intérêt du travail citationnel de Montaigne est d'illustrer à quel point il avait conscience – et à quel point il semble avoir eu besoin – d'associer sa pensée à une conception de la *res litteraria* comme entreprise et comme œuvre collectives. Les italiques réservés aux citations latines de Montaigne sont la marque formelle et indélébile du caractère multiple, polyphonique, de ce texte pourtant si uniquement personnel. Mais le paradoxe qu'on frise ici est peut-être moins une question de substance que de vocabulaire et de perspective. Rien d'étonnant, après tout, si, chez l'artiste polyvalent que fut certainement Montaigne, le soliste en lui se doublait parfois, même souvent, d'un maestro chef d'orchestre ?

L'étude attentive de l'art de citer montaignien montre à l'évidence comment le discours latin des *Essais* peut servir à ramener le lecteur à des constantes sous-textuelles, en suivant une voie parallèle à la surface du texte, à l'instar de l'inscription sur lignes parallèles des divers instruments dans une partition symphonique. Si ces métaphores musicales dégagent une logique pertinente pour notre propos, il conviendrait d'envisager le latin et le français dans le texte de Montaigne comme soumis au même rapport de fusion organique que celui d'une mélodie avec son accompagnement ou d'un thème et de ses variations. Ce langage serait-il un peu trop expressif ? Peut-être. Quoi qu'il en soit, lorsqu'on aborde les citations latines de Montaigne par le biais de la culture philologique particulière qui les gouvernait, on n'a pas l'impression d'avoir affaire à des emprunts, encore moins à des appropriations, mais bien plutôt à des démarches concertées de *coopération* et de *collaboration.*

Ce dernier terme exprime mieux que tout autre cette volonté de solidarité active avec le monde ancien qui animait ce que Paul Renucci appelait naguère, dans un livre marquant, *L'Aventure de l'humanisme européen* (1953). De Pétrarque à Erasme, d'Erasme à Montaigne on suit les vicissitudes de cette aventure, en mesurant les étapes qui conduisent de la redécouverte, à la grande éclosion, et à la pleine sécularisation vernaculaire de la *res litteraria* antique. Par le plus curieux des paradoxes, l'exquise symbiose réalisée entre les discours français et latin des *Essais* a eu pour effet de hâter le processus d'"érosion intertextuelle" (M. Riffaterre) qui devait être fatale à la tradition des lettres classiques. En tant qu'auteur citationnel, Montaigne assurait l'accomplissement triomphal d'une synthèse humaniste, dont, par la brillante désinvolture de son œuvre, il annonçait du même coup la dissolution.

Jules Brody

AVANT-PROPOS

Rien ne perd plus aisément son lustre qu'une citation artistique qui, ayant été arrachée à une œuvre d'art organique, entre dans l'espace vital foncièrement étranger de la recherche. Séparée de son habitat naturel, la citation alléguée perd de sa force pour un lecteur qui ne sait, pour ainsi dire, comment la resituer dans son contexte originel. A cet effet, prenons à témoin le livre des *Essais* : sans une connaissance détailée du contexte, il n'est guère possible de saisir la pleine portée d'une citation montaignienne.

L'un de mes soucis majeurs tout au cours de ce travail, a été d'endiguer le flot des citations de première et de seconde main. Cependant, on n'aurait pu en limiter le nombre plus qu'on ne l'a fait sans encourir de graves inconvénients. Voilà pourquoi on n'a pu renoncer ni à alléguer de nombreuses citations à titre d'exemples, ni à reproduire textuellement, par fidélité à leur sens, les remarques si nuancées de Montaigne et tant d'autres sur la citation.

INTRODUCTION

> Only an inventor knows how to borrow, and every man is or should be an inventor.
>
> –Emerson, p. 288

La citation montre avec une clarté toute particulière la manière dont une littérature se nourrit d'une autre, ainsi que le rôle prépondérant joué par la tradition dans l'imagination créatrice individuelle. La citation est le lieu d'une rencontre de deux esprits séparés par des siècles. Leurs pensées respectives se retrouvent dans la citation, comme à un point de focalisation, où, pendant l'espace d'un moment, elles semblent coïncider. C'est la tâche du critique de tirer au clair les traits cachés qui relient l'auteur citateur à l'auteur cité, et de faire voir comment un auteur peut trouver son reflet dans un autre.

La citation révèle la dette d'un auteur envers la tradition et les rapports qu'il entretient avec elle. Cette relation citationnelle finit par éclairer la capacité d'un auteur à s'assimiler la propriété linguistique et intellectuelle d'autrui.

La citation est la transmission intentionnelle d'un passage conservé intact jusque dans sa forme. Il y a toujours le risque qu'elle se déplace comme un corps étranger en se détachant de son contexte. Au reste, la faculté créatrice d'un écrivain est susceptible de s'affaiblir, lorsqu'il se laisse éblouir par la brillance de ses propres citations, et qu'il en vient à dépendre d'elles.

L'effet unique que produit une citation tient de ce que, même en faisant partie intégrante d'une oeuvre d'art, elle ne perd jamais tout à fait son caractère d'étrangeté et qu'elle reste toujours impliquée dans un réseau de rapports multiples avec l'original. Dans son ouvrage *Das Zitat in der Erzählkunst* (*Citation et art narratif*), Herman Meyer écrit :

> L'attrait de la citation tient d'une tension particulière entre assimilation et dissimilation : la citation se rattache étroitement à son nouveau contexte, mais en même temps elle s'en détache, et elle laisse entrevoir, ce faisant, un autre monde à l'intérieur du monde même du roman. Voilà en quoi consiste son double effet d'élargissement et de rétrécissement. (p. 12)

C'est ainsi que la manière de citer d'un auteur devient un critère de sa technique discursive.

Dans un sens général, la culture et la civilisation se nourrissent de la citation. Toute possibilité de progrès serait exclue, si l'on s'abstenait de "citer" les fruits de la pensée des générations passées et de fonder sur eux l'avenir. Ralph Waldo Emerson reconnaît le rapport entre la citation comme activité générale d'une part, et comme phénomène linguistique, de l'autre :

> By necessity, by proclivity, and by delight, we all quote. We quote not only books and proverbs, but arts, sciences, religion, customs, and laws ; nay, we quote temples and houses, tables and chairs by imitation. (p. 274)

La citation littéraire se trouve logée au sein de la citation généralisée. Elle doit être démarquée de celle-ci, mais c'est encore par rapport à celle-ci qu'elle doit être comprise.[1] Les citations peuvent appartenir à la propriété commune d'une communauté linguistique, comme par exemple les nombreuses citations bibliques qui se sont infiltrées dans l'usage général des langues. Étudier la fonction de ce genre de citations serait la tâche de ce qu'on appelle "la stylistique de la langue". La "stylistique de la parole", en

1 Chez les anciens, il est difficile de différencier l'usage individuel du cas général. Prudence n'a sans doute emprunté son "tetendit serus infans ubera" (*Cathemerinon* 7. 58) ni aux *Géoriques* de Virgile (3. 396 : "et magis ubera tendunt"), ni aux *Épodes* d'Horace (11. 50 : "Refertque tenta grex amicus ubera"). Il s'agit ici de passages parallèles, non pas de citations. Même lorsque plus d'un auteur convergent sur une même pensée, sur laquelle ils auraient pu tomber indépendamment les uns des autres, on a le plus souvent affaire non pas à une citation, mais, plus vraisemblablement, à une réminiscence littéraire difficile à documenter.

revanche, prend comme objet d'étude seules ces citations qui se sont singularisées par un mode d'emploi unique et individuel.

Qui craint de citer, se prive bêtement d'un précieux moyen d'expression. Citer n'est pas voler. Une bonne citation n'appartient pas moins à l'auteur citateur qu'à l'auteur d'origine :

> Our very abstaining to repeat and credit the fine remark of our friend is thievish. (p. 280)
>
> A great man quotes bravely, and will not draw on his invention when his memory serves him with a word as good. (p. 276)
>
> What he quotes, he fills with his own voice and humour, and the whole cyclopaedia of his table-talk is presently believed to be his own. (p. 276)

Seul celui qui n'est pas imprégné de la substance de la citation vit comme un aveugle dans un monde rempli de vérités dont il ne saurait se réclamer, puisqu'il ne sait pas comment les interpréter : "Quotation confesses inferiority" (p. 279)

L'acte de citer présuppose bien plus qu'une forte disposition au jugement littéraire. Chez l'auteur citateur, la lecture constitue une activité productive et créative. Pour bien citer, il faut avoir un flair très développé pour le regain d'expressivité que peut connaître tel passage, n'ayant pourtant en lui-même quasi rien de remarquable, lorsqu'il est isolé de son lieu d'origine et transposé dans un contexte nouveau :

> A passage from one of the poets, well recited, borrows new interest from the rendering. (p. 282)
>
> The profoundest thought or passion sleeps as in a mine, until an equal mind and heart finds and publishes it. (p. 283)

Lorsqu'un passage est détaché de son contexte et introduit sous forme de citation dans un nouveau système relationnel de langage, de substance, et de valeurs, il déploie des puissances que jusque-là il recélait à l'état virtuel. Mais la trame du tissu dans lequel il avait été impliqué n'est toujours pas entièrement déchirée. La citation reproduit toujours une partie de l'ambiance dans laquelle elle avait été enveloppée. Elle se nourrit de son statut hybride entre l'ancien et le nouveau système signifiant.

Une phrase citée est toujours située à un autre niveau de discours que dans l'original, puisqu'elle est donnée de seconde main. Même l'érudit ne saurait toujours citer juste. L'exactitude rigoureuse dans la citation est un idéal scientifique que l'artiste ne s'efforce guère d'atteindre ; il accueille de préférence les sens déviants. En conférant à sa citation une interprétation personnelle, il s'approprie un moyen d'expression valable. L'artiste est le souverain médiateur entre l'ancienne et la nouvelle relation signifiante. Pour lui, il s'agit moins de reproduire une pensée déjà formulée que d'élargir son champ conceptuel :

> In hours of high mental activity we sometimes do the book too much honor, reading out of it better things than the author wrote. (p. 284)
> This vast memory is only raw material. (p. 288)

L'artiste peut tirer ses citations d'un original ou bien de l'oeuvre d'un intermédiaire. Un passage, cité antérieurement par un auteur dans un sens altéré, peut revêtir chez un lecteur créatif encore un autre sens, qui ne se trouve ni dans l'original ni sous la plume de l'intermédiaire :

> We read the quotations with his eyes, and find a new and fervent sense ; ... and the reader sometimes giving more to the citation than he owes to it. (p. 282)

Par le fait même d'être cité par un auteur de poids, un passage peut acquérir une puissance expressive qu'il n'avait pas dans l'original, où il jouait un rôle insignifiant :

> I don't know how it is, a thing that falls flat from me seems quite an excellent joke when given at second hand by Sheridan. I never like my own bons-mots until he adopts them. (p. 284)

Shakespeare était plus original que les originaux où il puisait ses citations.[1] Le Poète ne s'intéresse pas à la vérification scientifique. Il est donc absurde de réprouver ses citations inexactes, ses références

1 Indépendamment d'Emerson, Scott montre comment, grâce à l'art dramatique de Shakespeare, les paroles de Marc-Antoine dans *Jules César* (5. 5) dépassent de loin leur portée dans Plutarque (*Brutus* 39).

fautives, ou ses distorsions de sens, comme faisaient naguère les chercheurs qui ne distinguaient pas assez nettement entre les emplois scientifique et artistique de la citation. En somme, l'artiste n'est nullement obligé de documenter les origines de ses acquisitions intellectuelles :

> But however received, these elements pass into the substance of his constitution, will be assimilated, and tend always to form, not a partisan, but a possessor of truth. (p. 286)

Dans la citation littéraire, ce qui appartient à l'art sera actualisé par l'art. La citation est une des formes de l'interprétation poétique. C'est toujours l'auteur citateur qui parle, même par la l'intermédiaire de la parole citée, livrant ainsi, indirectement, des éléments d'un auto-portrait. L'anthologie des *Essais* de Montaigne procurée par André Gide est autant une interprétation de lui-même qu'une interprétation de Montaigne.

Entre l'auteur citateur et l'auteur cité la dette de gratitude est réciproque :

> The transaction is honorable to both. Can we not help ourselves as discreetly by the force of two in literature ? Certainly it only needs two well placed and well tempered for cooperation, to get somewhat far transcending private enterprise. (p. 280)

Nonobstant ces précieuses observations que faisait Emerson vers le milieu du siècle dernier, sans doute sous l'emprise des *Essais* de Montaigne, la recherche s'est assez peu préoccupée depuis lors du problème de la citation.[1] Parmi ceux qui ont ouvert de nouvelles voies méthodologiques, on retient surtout les noms d'Emil Staiger, dans son ouvrage *Die Kunst der Interpretation* (*L'Art de l'interprétation*), et de Herman Meyer dans des articles parus entre 1957 et 1960, puis réunis en volume sous le titre, *Das Zitat in der Erzählkunst* (*Citation et art narratif*).[2] Plus récemment, les citations

1 Emerson, lui aussi essayiste, était un grand connaisseur de Montaigne ; il fit un livre sur lui et se considérait comme une âme-sœur.

2 Sur divers aspects plus détaillés de la question, on consultera avec profit les études, à commencer par la plus récente, de Giustiniani, Schalk ("Alberti"), Röttger, North, Tarrant, Panzer, Andrieu, Hagendahl ("Methods"), et Traube.

de Montaigne ont sollicité l'attention de Phyllis Gracey, Pierre Moreau (p. 66ss), Valery Larbaud, et Hugo Friedrich (p. 42-46, p. 392, note 14)[1]

Dans son livre *Die antike Kunstprosa* (*L'Art de la prose chez les anciens*), publié en 1898, Eduard Norden réclamait une histoire de la citation, qui reste toujours à écrire. Une étude sur la théorie de la citation a été entreprise récemment par Wilhelm Krause, fondée, malheureusement, sur un matériel d'observation insuffisant. Par ailleurs, la classification des citations avancée dans cet ouvrage est peu convaincante.

Sous le nom de "citation" convergent les formes les plus diverses de l'appropriation et de la référence littéraires. Même la recherche érudite a attribué au concept de citation de nombreux contenus disparates.[2] Thomas Mann a démarqué un champ d'interprétation assez libre.

> La citation, je n'ai pas besoin de le dire, c'est la transformation de Mme de Meck, la maîtresse invisible de Tchaïkovski, en Mme de Tolna ; c'est l'histoire d'une poursuite amoureuse, c'est l'imprudente mission confiée à l'ami porteur d'une proposition auprès de la bien-aimée, sans que cette mission soit pourtant jamais réduite, en l'occurrence, à la seule imprudence. (p. 34) [*JB*]

Herman Meyer établit une distinction entre la citation au sens étroit et au sens large du terme, mais il limite ses analyses stylistiques aux citations au sens étroit, c'est-à-dire, aux "allégations textuelles" (p. 15). Dans les pages qui suivent, de même, il sera question de la citation au sens étroit, à titre de reprise plus ou moins littérale d'un matériau verbal précédemment formulé. L'exactitude scientifique n'est pas de rigueur. L'écrivain citateur doit se sentir libre de déplacer les mots, de varier les formes verbales, ou de remplacer tel vocable par un synonyme.

---

1 [La lacune dénoncée par l'auteur a été comblée en partie, ces dernières années, par les travaux de Brody (*Lectures*, p. 24-27, *Nouvelles*, p. 88-95, 148-153), Brousseau-Beuermann, et Gray (*Montaigne bilingue*), et McKinley (*JB*)]

2 Voir, par exemple, les divers essais de définition proposés par Andrieu, Hagendahl, Panzer, et Householder.

Selon que ces procédés de modification augmentent en nombre, le texte original, rendu de plus en plus diffus grâce aux rayures d'éléments anciens et aux ajouts de matériaux nouveaux, finira par produire une paraphrase plus serrée ou plus libre, selon les cas.

Une paraphrase serrée du texte-modèle, ainsi qu'une traduction (*translatio*) dont le vocabulaire et la structure suivent d'assez près l'original pour laisser transpercer ses contours, aura la valeur pour mon propos d'une citation *stricto sensu*. La citation dans le sens large du terme tient de la paraphrase libre, de celle où la transparence de l'original est en grande partie dissipée ; les citations de ce genre se rapprochent plutôt de la table des matières ou du résumé de l'œuvre en question.[1]

La caractéristique principale de cette forme d'appropriation est son caractère référentiel (Meyer, p. 13ss. et Giustiniani, p. 107). Les citations référentielles renvoient toujours à l'original. Liées ainsi à leur source, elles en tirent une grande partie de leur efficacité. Pourtant, elles gardent assez de leur individualité pour se détacher clairement de leur contexte, et pour indiquer au lecteur qu'elles constituent une ressource idéelle et linguistique essentiellement "étrangère". L'emprunt et la réminiscence, en revanche, sont entièrement dépourvus de caractère référentiel. Dans ces deux espèces de citation, l'original n'est pas implicitement présent. La réminiscence est une forme involontaire d'appropriation, dont le

1 Lorsqu'ils ont une source littéraire évidente, il faut sûrement considérer les sentences et les proverbes comme des citations. Pour maint humaniste, les *Adages* d'Érasme constituaient une source de ce genre. D'ordinaire, il n'est pourtant pas possible de déterminer si les sentences et les proverbes proviennent de la tradition orale, ou bien s'ils remontent plutôt à une origine livresque. Sénèque ne veut pas continuer d'intercaler des sentences d'Épicure dans ses lettres, parce que Lucilius, son correspondant fictif, les considère comme la propriété intellectuelle du Maître : "Itaque nolo illas Epicuri existimes esse : publicae sunt et maximae nostrae" (*Epist.* 33. 2) [Ne fais donc pas honneur à Épicure de celles que je t'ai adressées : elles sont à tout le monde et principalement à notre école]. Büchmann se demande "si un écrivain se sert pour son propre compte d'un mot déjà courant ou bien s'il est lui-même le créateur de ce mot. Car même les proverbes ne tombent pas comme la manne du Ciel ; ils ont chacun leur auteur individuel, leur inventeur originel ; beaucoup d'entre eux sont l'œuvre d'un écrivain depuis longtemps disparu ou pas encore découvert" (p. 5).

rapport avec un original est ignoré de l'auteur citateur. Par contre, l'emprunt est une forme volontaire d'appropriation, dont l'usager ne s'intéresse pourtant pas à révéler l'origine et son rapport avec l'original.

A l'encontre de la citation au sens strict du terme, l'emprunt renonce à conserver la forme du texte originel. Il refond le matériel verbal, pour le couler dans un moule nouveau. Il vise à une assimilation maximale, en abandonnant son caractère de "corps étranger". Grâce à ce nivellement stylistique, l'emprunt ne se détache plus de son contexte.

Certes, une citation, conservée délibérément sous sa forme originelle, produit un autre effet esthétique que, par exemple, une paraphrase ou un emprunt. Et il est bien plus difficile d'insérer une citation littérale dans un nouvel environnement verbal. L'art de la citation textuelle vaut bien plus qu'une simple habileté à paraphraser ou à "emprunter" une pensée.

La citation textuelle et la paraphrase détiennent un statut à part dans la pratique antique et humaniste de l'imitation littéraire (*imitatio*). La citation "imitative" ne possède aucun caractère référentiel dans le sens décrit plus haut. Cependant, le lecteur confrontera constamment la copie à l'original pour jauger le gain ou la perte selon les cas, en passant de l'une à l'autre, en force, en beauté et en densité de texture. Par sa lecture comparative, il sera donc en mesure d'analyser et d'évaluer l'original.

L'imitateur met exclusivement à son profit la ressource linguistique qu'il allègue. Il se comporte avec les mots et les pensées d'autrui, comme s'il s'agissait de sa propriété personnelle. Citation et contexte sont situés par lui à un même niveau de discours et ne sont plus différenciés l'une de l'autre. Les indications de sources sont superflues ; il n'est plus nécessaire de considérer l'original. Les citations de ce genre ne sauraient évidemment plus servir d'exemple ou d'illustration.

Mais même lorsqu'ils ne visent pas à l'*imitatio* proprement dite, les auteurs anciens et humanistes peuvent faire passer dans leurs propres ouvrages, sans les identifier, des formules préexistantes, ou même des phrases entières puisées dans un modèle. C'est ainsi qu'au beau milieu de la prose de Platon, de Xénophon ou de Thucydide, surgit soudain un bout de vers ou un vers entier de l'*Iliade* ou de l'*Odyssée* (Seippel, p. 5).

L'usage moderne de la citation ne coïncide pas entièrement avec la pratique des anciens et des humanistes. Car il repose sur une conception spécifique de la propriété littéraire qui était totalement inconnue à l'Antiquité gréco-latine comme à l'Humanisme. Dans le domaine littéraire tout au moins, on ne faisait pas cloison étanche, en général, entre Meum et Tuum. La citation était loin de constituer "l'expression de l'honnêteté, qui donnait à chacun son dû" (Peter, *Wahrheit*, p. 436).[1]

Le concept de citation devrait rester assez souple pour inclure la multiplicité des modes d'emploi historique de ressources linguistiques préexistantes. Ce concept ne devrait pas être imposé de force sur les conceptions anciennes et humanistes, de manière à exclure des emplois de la citation devenus étranges pour nous et notre temps.[2]

Dans les deux chapitres qui suivent il va s'agir de comprendre la technique citationnelle de Montaigne par rapport à ses présupposés historiques.

---

1 Sur la notion de propriété littéraire, voir aussi Stemplinger, p. 125ss., Ziegler, et Dziatzko.

2 Naturellement, les réminiscences homériques ou virgiliennes sous la plume d'un auteur ancien peuvent aussi être inconscientes. Il ne convient guère ici de suivre Röttger (p. 18), qui se fonde sur le concept moderne de la citation comme une référence délibérée, et de n'appeler "citation", dans les littératures anciennes, que les emprunts conscients. L'*imitatio* peut, dans tous les cas, être conscient ou inconscient. Comment déterminer, par ailleurs, si tel emprunt a été fait consciemment ou inconsciemment ?

CHAPITRE I

LA CITATION CHEZ LES ANCIENS

1. *L'étude de la citation et ses problèmes*

Rien ne montre mieux comment l'auteur des *Essais* s'y prenait pour redonner vie aux vieilles formes que de comparer son art de citer à celui des auteurs anciens et humanistes (Friedrich, p. 392). On peut tenir pour acquis que Montaigne s'est laissé guider par l'exemple de ses auteurs favoris, Plutarque et Sénèque, ainsi que par celui d'un Cicéron, d'un Aulu-Gelle, ou d'un Érasme. En revanche, sa dette spécifique envers tel ou tel auteur est bien plus difficile à déterminer.

L'état présent des études sur la citation antique et humaniste ne permet guère d'établir avec certitude ce que Montaigne devait principalement aux techniques traditionnelles.[1] Dans le présent chapitre on se donne pour tâche d'examiner les fondements de la citation chez les anciens, qui demeurèrent pertinents encore pour les humanistes.[2]

---

1 Les travaux préparatoires ne manquent pourtant pas. A la fin du 19e siècle et au début du 20e parurent de nombreuses thèses consacrées à l'emploi de la citation chez des auteurs anciens individuels. Voir à ce sujet la bibliographie de Baldensperger et Friederich. A cette époque-là, on ne distinguait guère entre l'étude des citations et celle des sources. L'étude stylistique de la citation présuppose un examen exhaustif des sources, mais pour comprendre l'art de citer d'un auteur il ne suffit pas d'indiquer tout simplement ses sources ; pour en arriver là il faut, en plus, situer ses citations par rapport à leur contexte d'origine. Des listes de citations classées selon leur source où leur degré d'exactitude, ou des énumérations de sources et de formules d'insertion, ne nous disent pas grand'chose sur la fonction proprement stylistique des citations.

2 Une tradition textuelle défectueuse ne permet souvent qu'un aperçu limité du comportement citationnel d'un auteur. Pour les citations d'Ennius par Cicéron, lorsque l'original n'est pas entièrement perdu, il ne nous est connu le plus souvent que par des fragments ou, simplement, par son "titre". Il arrive aussi que des vers, ou des passages en vers, dont la forme métrique ne les différencie pas de la prose, ne se laissent plus identifier comme des citations, s'ils ne sont pas accompagnés d'une

2. Les citations en vers dans les textes en prose

Eduard Norden prétend que chez les Anciens le fait d'entremêler les vers à la prose était la marque d'un style inférieur.

> En général, on considérait comme vulgaire (*phortikós*) de mêler des vers, sans plus, à la prose littéraire ; il y avait plutôt tendance à traduire les vers en prose, totalement ou en majeure partie ; ce fut là l'usage régnant de Platon à Himérius [...] Chrysippe, dont la prose fourmillait de citations en vers, était réputé par ailleurs être un mauvais écrivain. (t. 1, p. 89ss.)

Cette position, que Stemplinger (p. 247) partageait mais que Seippel (p. 15ss) et, plus récemment, Röttger (p. 3) mettaient en doute, ne tient pas suffisamment compte des données des sources anciennes. Chrysippe passait pour un mauvais écrivain non pas principalement parce qu'il insérait des vers dans sa prose, mais parce qu'il citait trop (Diogène Laërce 7. 180). Le recours excessif à la citation ne fut, par ailleurs, qu'une seule de ses nombreuses faiblesses stylistiques. Si Platon fait passer de nombreux vers dans le pli de sa prose, il n'en laisse pas moins subsister à peu près cinq cents citations en vers sous leur forme originelle.[1] Aucun prosateur

quelconque indication de source, ou si la source elle-même est inconnue (Zillinger, p. 81ss.). La *scriptio continua*, qui n'employait ni ponctuation ni divisions entre les mots ou les phrases, rendait sans doute particulièrement difficile la tâche de chercher des citations et de faire des extraits. Le maniement compliqué d'un "livre" en rouleau constituait encore un autre obstacle, car il fallait le tenir ouvert, les bras en croix, lorsqu'on voulait examiner plusieurs pans de texte en même temps. C'est seulement depuis le troisième siècle de notre ère, avec l'invention du codex moderne, qu'il devint possible de feuilleter rapidement les pages d'un "livre" proprement dit. Jusque-là il était impossible de lire et d'écrire en même temps (voir Birt). Lorsqu'ils voulaient citer, les auteurs grecs et latins s'en remettaient largement à leur mémoire. La grande prépondérance des citations dans les écrits des Anciens sont des vers provenant de l'*Iliade*, de l'*Odyssée*, et de l'*Enéïde*. Homère et Virgile étaient des auteurs classiques, c'est-à-dire, qu'on lisait surtout dans les écoles. Par leurs formes prosodiques, les poètes tragiques, avec Hésiode et Pindare, firent aussi une forte impression sur les mémoires et furent souvent cités. Les prosateurs furent évoqués le plus souvent par allusion, rarement allégués textuellement.

1 Voir Stemplinger, p. 247, 249, Röttger, p. 3, et Tarrant, p. 59ss.

chez les Anciens n'a jamais été critiqué pour s'être donné la liberté de citer des vers textuellement.

Ce n'est qu'au deuxième siècle de notre ère qu'on relève des indications qui donnent partiellement raison, tout au moins pour cette époque tardive, aux théories de Norden et Stemplinger. Dans son chapitre consacré spécifiquement à la citation, Hermogène de Tarse propose deux manières possibles d'introduire les vers dans la prose : "on peut ou bien fondre vers et prose ensemble dans un tout organique, comme on soude le fer à l'étain, ou bien citer un morceau de vers en structurant le restant en une prose indépendante, de façon à sauvegarder au moins l'unité de la pensée" (d'après Stemplinger, p. 246). Ce dernier mode d'emprunt est recommandé aussi par le rhéteur Ménandre, au troisième siècle (Spengel, t. 3, p. 413).

Norden se réfère au "principe d'uniformité qui interdisait sans plus aux auteurs anciens d'intercaler des citations en vers dans leurs écrits" (t. 1, p. 89). Au contraire, Hermogène condamne les citations en vers textuelles seulement lorsqu'elles nuisent à l'unité de l'œuvre et à la perfection du style (Spengel, t. 2, p. 363). Au reste, aucun auteur ancien n'a jamais posé un rapport de cause à effet entre l'unité d'une œuvre en prose et la présence dans cette œuvre de citations en vers.[1]

A part le fait que la théorie littéraire des Anciens ne visait jamais à donner des recettes obligatoires pour la pratique, et qu'Hermogène et Ménandre ne sont pas nécessairement typiques de l'Antiquité en général, il n'a jamais été de règle que les auteurs dussent traduire en prose les citations en vers, les paraphraser, ou les remplacer par leurs propres paroles. Au contraire, ils étaient libres de choisir à volonté entre les divers modes d'appropriation littéraire.

---

1 Selon la conception platonicienne (et aristotélicienne), les parties du discours doivent être raccordées les unes aux autres, comme dans un organisme vivant, de manière à ce que rien ne puisse être changé sans détruire l'harmonie de l'ensemble. Voir *Phédrus* 264e, *Gorgias* 503e, et *République* 398d.

On fait aussi fausse route en voulant appliquer à la question de la citation les opinions suivantes de Cicéron et de Quintilien (*voir* Dahlmann) :

> [...] versus saepe in oratione per imprudentiam dicimus. Est id vehementer vitiosum, sed non attendimus neque exaudimus nosmet ipsos ; senarios vero et hipponacteos effugere vix possumus ; magnam enim partem ex iambis nostra constat oratio. Sed tamen eo versus facile agnoscit auditor ; sunt enim usitatissimi ; inculcamus autem per imprudentiam saepe minus inusitatos, sed enim versus : vitiosum genus longa animi provisione fugiendum. (Cicéron, *Orator* 189)
>
> [en prose, nous faisons souvent des vers sans y penser (défaut très répréhensible, mais nous ne nous écoutons et ne nous entendons pas bien) ; quant aux sénaires et aux hipponactéens, c'est à grand'peine que nous pouvons les éviter, parce que notre langue est en grande partie composée d'iambes. Ces vers, l'auditeur les admet facilement, parce qu'ils sont très usités ; mais, sans y penser, souvent nous introduisons aussi des vers moins usités, qui n'en sont pas moins des vers. C'est une tendance répréhensible, que l'esprit doit éviter en faisant d'avance bien attention.]
>
> [...] quod versus in oratione si efficitur coniunctione verborum, vitium est, et tamen eam coniunctionem sicuti versum numerose cadere et quadrare et perfici volumus. (Cicéron, *De oratore* 3. 175)
>
> [si, en prose, les mots sont groupés de manière à former un vers, c'est un défaut, et néanmoins nous voulons qu'ils soient groupés de manière à rappeler le vers par leur cadence rythmée, leur forme symétrique et pleine].
>
> Versum in oratione fieri multo foedissium est totum, sed etiam in parte deforme. (Quintilien 9. 4. 72)
>
> [Un vers rencontré dans la prose, produit le plus détestable effet, s'il est entier ; mais même une partie y est quelque chose de difforme]

Il s'agit dans ces textes non pas de citations en vers proprement dites, mais plutôt de vers qui sont introduits par mégarde dans la prose. C'est un principe fondamental d'Aristote que la prose doit être rythmique sans être, pour autant, métrique.[1] Un auteur ancien

---

1 Aristote, *Rhétorique* 3. 8. 7 : "Les autres rythmes [que le péon] doivent être écartés pour les raisons susdites et parce qu'ils sont métriques ; c'est le péon qu'il faut adopter ; car c'est le seul des rythmes précités dont on ne puisse faire un vers ; aussi est-ce celui qui passe le plus inaperçu". La prose a évolué à partir de la poésie, peut-être même en la prenant comme modèle. Cependant, en s'opposant à elle, la

dont l'oreille retentit de nombreuses combinaisons métriques peut glisser, sans y faire attention, d'un rythme de prose dans un rythme de vers. C'est ainsi que, contre son gré, il laisse couler dans sa prose des cadences métriques.[1] Une fois Cicéron se réfère même expressément à Aristote : "Is igitur versum in oratione vetat esse, numero iubet" [tout en bannissant le vers de la prose, il y exige le nombre] (*Orator* 172).

Il n'y a donc aucun lieu de croire qu'Aristote, Cicéron ou Quintilien, en interdisant le mélange des vers dans la prose, entendait bannir aussi l'emploi des citations en vers.[2] Et l'on comprend donc bien maintenant comment Cicéron et Quintilien peuvent préconiser ailleurs, explicitement, l'emploi des citations en vers dans la prose.

Les "testimonia" des poètes détiennent une grande force de persuasion (Quintilien 5. 11. 39). Les croyances auxquelles Homère et Virgile ont souscrit, les situations qu'ils ont décrites, possèdent un caractère exemplaire et, pour cette raison, elles sont d'une application universelle. Les citer, c'est s'identifier à un modèle éternellement valable. Par l'emploi du mot *katà* ou "secundum" ("selon"), on montre que ses propres idées correspondent à celles

---

prose tenait aussi à se détacher d'elle. Cette circonstance constitue peut-être la racine historique de la loi aristotélicienne sur le style.

1 Cicéron rapporte : "Elegit ex multis Isocrati libris triginta fortasse versus Hieronymus [...] plerosque senarios, sed etiam anapaestas" [De nombreux ouvrages d'Isocrate une trentaine de vers ont été extraits par Hiéronyme (...) : ce sont pour la plupart des sénaires, mais il y a aussi des anapestiques] –faute de style qu'il reproche à Isocrate en ces termes : "quo quid potest esse turpius ?" [Est-il faute plus choquante ?] (*Orateur* 190). Quintilien blâme Tite-Live d'avoir commencé l'introduction à son ouvrage "par un début d'hexamètre" (9. 4. 74).

2 Tous les témoignages anciens se rattachent à la discussion de la prose rythmique. Les contextes rendent absolument manifeste que "versus" ne saurait signifier "citations en vers". Il n'y a aucune justification textuelle pour la conclusion *ex silentio* que le mot "versus" désigne forcément tout vers enchâssé dans un passage de prose. Ce qui n'empêche pas Dahlmann de croire, même en 1935, que "par le fait de citer des vers d'Ennius, [des auteurs comme Tite-Live, Tacite, et Salluste] s'inscrivaient en faux contre les règles qui gouvernaient l'art de la prose" (p. 314).

du poète dont la parole est rapportée conjointement. On dirait à ce moment-là que le poète allégué aurait endossé au préalable le projet en cours.

Dans le discours des Anciens, les citations constituent rarement le point de départ d'un commentaire.[1] D'ordinaire, elles ne portent pas directement sur Homère, Euripide, Pindare, ou Virgile. L'autorité citationnelle est invoquée pour appuyer ou illustrer une opinion.[2]

L'effet de la citation en vers sera généralement perçu comme une "delectatio". L'orateur a volontiers recours à la poésie pour assouplir son discours et pour plaire ("delectare") à l'auditeur. Elle lui sert en même temps aussi bien d'ornement ("ornamentum") que d'instrument de conviction intellectuelle et affective ("persuasio").[3] Quintilien s'exprime ainsi :

> Denique credamus summis oratoribus, qui veterum poemata vel ad finem causarum vel ad ornamentum eloquentiae adsumunt. 11. Nam praecipue quidem apud Ciceronem, frequenter tamen apud Asinium etiam et ceteros, qui sunt proximi, videmus Enni, Acci, Pacuvi, Lucili, Terenti, Caecili et aliorum inseri versus, summa non eruditionis modo gratia, sed etiam iucunditatis, cum poeticis voluptatibus aures a forensi asperitate respirant. 12. Quibus accedit non mediocris utilitas, cum sententiis eorum velut quibusdam testimoniis quae proposuere confirment. (1. 8. 10-12)
>
> [Enfin croyons-en les plus grands orateurs, qui ont recours aux poèmes des Anciens pour donner de l'autorité à leurs plaidoyers ou des

---

1 C'est seulement chez les scoliastes que les citations (*lemmata*) précèdent le commentatire.

2 Au vrai, il était possible de prouver n'importe quelle opinion en citant les poètes. Il était pourtant facile pour l'adversaire de retourner cette arme contre le citateur. C'est peut-être pour cette raison, en majeure partie, que Démosthène et Cicéron, dans leurs discours politiques et leurs plaidoiries, renoncèrent à étayer leurs arguments de citations poétiques. Dans l'éloquence d'apparat, l'ornement de la citation est bien plus fréquent.

3 C'était là l'avis de Cicéron (*Pro Archia* 6. 12). Il rapporte qu'Isocrate et ses disciples avaient orné leurs discours de citations poétiques (*Orator* 172). Quintilien permettait qu'on intercalât dans la prose des vers entiers ("seu toti ut sunt"), ou partiellement altérés ("seu verbis ex parte mutatis"), ou carrément inventés ("seu ficti notis versibus similes") (6. 3. 96-97).

ornements à leur éloquence. 11. Ne voyons-nous pas, en effet, Cicéron surtout, également Asinius et les autres orateurs plus rapprochés de nous, citer des vers d'Ennius, d'Accius, de Pacuvius, de Lucilius, de Térence, de Cécilius et d'autres, tout à la fois pour marquer leur érudition et pour plaire ? Car le charme de la poésie délasse l'oreille de l'âpreté des plaidoiries. 12. Les orateurs en retirent un autre avantage qui n'est pas sans importance : les pensées des poètes deviennent une sorte de témoignage à l'appui de ce qu'ils ont avancé].

Les rhéteurs anciens conseillent, en général, de citer des "sententiae" (*gnômai*) plutôt que des vers.[1] Il est permis d'inclure ici les vers qui manifestent un caractère nettement sententieux. D'un autre côté, les "sententiae" ne doivent pas avoir une forme métrique.[2] Certes, la distinction entre "versus" et "sententia" n'était jamais très ferme ; les mots "citation" et "citer" ne recouvraient d'ailleurs pas des conceptions stables.[3] Les rhéteurs s'occupent de très près de la définition, de la distribution, de l'effet, de la fréquence, et de l'emplacement des sentences.[4] Dans les écoles, on insistait en particulier sur les sentences à portée morale et on apprenait aussi les diverses manières de les appliquer (Sénèque 33. 7).

Plus que tout autre genre, la lettre et le roman accueillent les citations. Au début du premier siècle avant l'ère moderne, le livre *De l'éloquence*, faussement attribué à Démétrius de Phalère, recommande l'emploi des proverbes et des sentences dans l'art

---

1 Les témoignages anciens sont réunis dans la thèse de Framm. Sur l'emploi des sentences, voir, principalement, les études de Meister et Horna. Il existait une littérature gnomique autonome très connue, qui avait donné lieu à des recueils de sentences organisés par auteurs ou par matières. Selon Platon (*Phédrus* 267bc), la première gnomologie fut compilée par Polus, disciple de Gorgias.

2 Le livre de Thucydide fut prisé en grande partie pour sa prose riche en sentences (Meister, p. 11).

3 Voir les nombreuses désignations recueillies par Krause, p. 273, Giustiniani, p. 105, et Röttger, p. 23.

4 Par exemple, Aristote, *Rhétorique* 2. 21 et 3. 17. Anaximène, chap. 15, 18, 22, 32, 34-36 (Spengel t. 1, p. 169-242), Quintilien 8. 5. 3-7, Cicéron, *De inventione* 1. 25 ; *Orator* 79, *Brutus* 325, et la *Rhetorica ad Herrennium* 4. 17.

épistolaire.[1] Dans leurs correspondances respectives, Cicéron et Sénèque font un usage assez fréquent des citations en vers.[2] Sénèque constate que les vers peuvent conférer à une pensée une force de persuasion incomparablement plus grande que la prose :

> Eadem neglegentius audiuntur minusque percutiunt quamdiu soluta oratione dicuntur ; ubi accessere numeri et egregium sensum adstrinxere certi pedes, eadem illa sententia velut lacerto excussiore torquetur. (108. 10)
>
> [Les mêmes choses sont plus distraitement écoutées, moins frappantes, tant que la prose les exprime ; quand le rythme s'y ajoute et qu'une noble pensée est astreinte à la régularité d'un mètre précis, la même pensée devenue sentence se dégage comme brandie d'un bras déployé].

Sénèque éclaire cette observation à l'aide d'une métaphore que Montaigne devait lui emprunter :

> "Nam", ut dicebat Cleanthes, "quemadmodum spiritus noster clariorem sonum reddit cum illum tuba per longi canalis angustias tractum patentiore novissime exitu effudit, sic sensus nostros clariores carminis arta necessitas efficit".[3]
>
> ["Car", comme disait Cléanthe, "de même que notre souffle rend un son plus éclatant, lorsqu'il circule tout du long de l'étroit canal d'une

---

1 Peter, "Brief", p. 20ss. Le roman d'Héliodore abonde en citations d'Euripide.

2 Les études sur les fonctions stylistiques des citations font défaut. Voir pourtant les livres et articles de Stahlenbrecher, Zillinger, Howind, et Borucki, ainsi que ceux d'Haury, Mewis, Weber, et Consoli.

3 Sénèque défend sa façon d'alléguer les sentences épicuriennes dans ses lettres. Il y a peu de sens, dit-il, à les donner sous forme de citations, puisqu'elles sont non pas la propriété intellectuelle d'Épicure, mais le bien commun de son école. C'est un signe de pauvreté d'esprit que de vouloir à tout prix ranger ses propres idées sous l'autorité d'autrui (33. 1-4). Il faut s'assimiler les pensées des autres, non pas vivre dans la dépendance des livres ou de leurs auteurs : "sua facere quaeque nec ad exemplar pendere et totiens respicere ad magistrum" [faire sienne toute notion acquise, sans s'accrocher à un modèle, sans se retourner à tout bout de champ vers le maître] (33. 8). Il est ridicule aussi de se limiter à un petit trésor de citations archi-connues, apprises par cœur, et de jouer le rôle de "commentateur éternel" : "semper interpretes sub aliena umbra latentes" [commentateurs éternels tapis à l'ombre des grands noms] (33. 8). On devrait plutôt exprimer ses propres idées en utilisant ses propres paroles : "captare flosculos turpe es [...] de tuo profer" [Un adulte s'attirerait la honte à ramasser des fleurettes (...) Produis quelque chose de ton fonds] (33. 7).

trompette d'où il jaillit enfin par un plus large orifice, ainsi la rigoureuse contrainte du vers confère à la pensée plus d'éclat"]

Dans ses lettres, Cicéron aimait bien citer les poètes grecs et romains. Sa position sur cette question se laisse dégager aisément des *Disputations tusculanes* :

> Itaque postquam adamavi hanc quasi senilem declamationem, studiose equidem utor nostris poetis ; sed sicubi illi defecerunt, verti enim multa de Graecis, ne quo ornamento in hoc genere diputationis careret Latina oratio. (2. 26)
>
> [Aussi, depuis que j'ai pris goût à ces exercices, lesquels constituent pour ainsi dire des déclamations pour vieilles gens, j'y fais appel tout spécialement aux poètes romains ; toutefois, là où ils font défaut, eh bien! j'ai traduit du grec nombre de textes, pour que dans ce genre de leçons aucune parure ne manque à la prose latine]

Cicéron préfère la manière de citer du platonicien Philon à celui de Denys le stoïcien :

> – Animadvertebas igitur, etsi tum nemo erat admodum copiosus, verum tamen versus ab iis admisceri orationi.
>
> – Ac multos quidem a Dionysio Stoico.
>
> – Probe dicis. Sed is quasi dictata, nullo dilectu, nulla elegantia, Philo et proprium numerum et lecta poemata et loco adiungebat. (*Tusculanes* 2. 26)
>
> [– Eh bien! tu devais le remarquer, quoique à cette époque il n'y en eût point de vraiment éloquent, ils agrémentaient pourtant leur prose de vers.
>
> – Sans doute, et même les leçons du stoïcien Denys en fourmillaient.
>
> – C'est exact. Mais Denys avait l'air de dicter et procédait sans choix et sans goût ; Philon, au contraire, respectait le rythme des vers, savait choisir les textes et les citait avec à-propos]

Nous savons aussi par d'autres sources que c'était l'usage dans certaines écoles philosophiques, en particulier chez les stociens, les platoniciens, et les cyniques, de "mélanger" les vers et la prose.[1]

---

1 Sont mentionnés comme de fréquents citateurs : Chrysippe (voir plus haut, p. 26), Cléanthe (Sénèque 108. 10), Posidonius (Galien, *De Hippocratis et Platonis placitis* 1), Diogène (Diogène Laërce 6. 2. 31). Voir aussi Hagendahl, "Methods", p. 123 et Lenzen, p. 38.

Que la citation chez les Anciens n'était pas destinée tout simplement à exemplifier, illustrer, ou orner les textes est rendu abondamment clair par la technique citationnelle de Cicéron et Sénèque.

Dans son chapitre "De risu" ("Du rire"), Quintilien montre comment Cicéron dans ses plaidoiries dirige la citation, comme moyen d'ironie, contre ses adversaires (6. 3. 85-86, 96). Il feint de ne pas comprendre la pensée d'un adversaire, et, au moyen d'une citation, hissant abruptement son argument au niveau de la grande poésie, il livre l'adversaire en proie au ridicule.

Dans son *Apocoloquintose*, Sénèque se sert de la citation pour générer des effets comiques. Le divin empereur Claudius vient de mourir ; il arrive, claudiquant et haletant, devant la porte du Ciel où il s'efforce, comme jadis au Sénat, mais cette fois-ci face à Hercule, de s'imposer par ses connaissances homériques. Il cite un vers de l'*Odyssée* (9. 39 : "En partant d'Ilion, le vent qui nous portait nous mit sous l'Ismaros, au pays des Kikones") pour expliquer d'où il vient. Mais le narrateur s'empresse de citer le vers suivant, qui parle de la destruction d'Ilion (9. 40 : "Là, je pillai la ville et tuai les guerriers"), démasquant du coup le pathos déplacé de Claudius et exposant les atrocités commises par lui de son vivant.

De la même manière, Sénèque a recours à la technique qui consiste à citer dans un sens figuré des vers qui dans l'original avaient un sens littéral ("proprie"). Des vers empruntés aux *Géorgiques* de Virgile (2. 75-81) lui servent à caractériser "une grand âme". Il s'explique ainsi :

> Dum aliud agit, Vergilius noster descripsit virum fortem : ego certe non aliam imaginem magno viro dederim. (95. 69).
>
> [Notre Virgile, sans y penser, a décrit l'homme de coeur ; quant à moi, je n'emploierais pas d'autres traits pour peindre une grande âme]

3. *Paraphrase et imitation*

Chez les Anciens, la paraphrase rivalisait de faveur avec la citation textuelle comme mode d'appropriation littéraire. Comptée au nombre des *melétai* ("exercitationes"), la paraphrase était enseignée dans les écoles et utilisée également par les orateurs et écrivains débutants. Paraphraser consistait à apprendre un texte par cœur, puis à le rendre en employant d'autres mots. Il s'agissait d'ordinaire de refondre des vers en prose, et moins souvent de la prose en prose. Le but de ce genre d'exercices était d'augmenter la facilité linguistique de l'étudiant, en cultivant en lui l'art de renouveler constamment sa manière de s'exprimer sur un même sujet.[1] Bertil Wijkström a montré de combien de manières différentes les auteurs anciens surent, dans la pratique, traiter un thème donné.[2]

La paraphrase était aussi un exercice préparatoire à la *mímêsis* ("imitatio").[3] Ce n'est pas dire qu'elle fut l'unique support de l'"imitatio", ou que, pour les Anciens, l'"imitatio" fut l'essence même de la création artistique (La Drière). Mais l'imitation était un procédé littéraire bien établi, dont aucun auteur ancien ne contestait le principe. Au contraire, on considérait que la voie la plus sûre pour le développement et le perfectionnement d'un style personnel était de se former sur le modèle des grands maîtres à écrire universellement recommandés (Stemplinger, p. 107ss.).

Par des lectures intensives, l'écrivain ou l'orateur en début de carrière devait se pénétrer de l'esprit et du style de son modèle au point de pouvoir, dans ses propres écrits, se rapprocher consciemment et inconsciemment de l'original :

---

1 Tous les auteurs anciens souscrivent à ces idées fondamentales. Par exemple : Isocrate 4. 7, Cicéron, *Pro Archia* 8. 18, *De oratore* 1. 34, Quintilien 1. 9. 2, 10. 5. 5, 10. 5. 11. Voir aussi Stemplinger, p. 118ss., 212ss., et Peter, *Wahrheit*, p. 412ss.

2 Dans les recherches de Wijkström, il s'agit uniquement de paraphrases à partir de sources en prose. Ces paraphrases sont réalisées en changeant de position les mots et les clauses, en variant les synoymes (p. ex. en interchangeant les substantifs, les mots abstraits et concrets, les adjectifs, les pronoms, les verbes), en variant les genres, le nombre, les cas, les temps (en interchangeant les parties du discours, en modifiant les phrases complexes, etc.).

3 Voir Stemplinger, p. 121ss. et 152ss, Ziegler, "Plagiat", Peter, *Wahrheit*, p. 433ss., D'Alton, p. 428ss., et Kroll, p. 139ss.

> [...] hunc esse fructum legendi aemulari ingenia ea quae in aliis probes et quae maxime inter aliorum dicta mireris, in aliquem usum tuum opportuna derivatione convertere. (Macrobe 6. 1. 2)
>
> [le fruit de la lecture consiste à imiter ce que nous trouvons de beau chez les autres, et à détourner à propos, pour l'appliquer à notre usage, ce que nous avons le plus admiré dans leurs ouvrages]
>
> Imitatio est qua impellimur cum diligenti ratione ut aliquorum similes in dicendo valeamus esse. (*Rhetorica ad Herennium* 1. 3)
>
> [L'imitation nous pousse à employer une méthode scrupuleuse pour ressembler, en parlant, à certains modèles.]

L'émulation ("aemulatio") s'accomplissait sous la forme d'une compétition ("certamen") avec le modèle. Le but de cette libre imitation par l'esprit et par le style était de surpasser l'original, dans la mesure du possible, en perfection et en beauté.[1] L'"imitatio" fut une activité qui faisait honneur à l'auteur imité, comme à l'imitateur.[2]

Pourtant, on était bien conscient des limites et des dangers de l'"imitatio" :

> Ante omina igitur imitatio per se ipsa non sufficit, vel quia pigri est ingenii, contentum esse iis, quae sint ab aliis inventa. (Quintilien 10. 2. 4)
>
> [Or, avant tout, l'imitation toute seule ne suffit pas, quand ce ne serait que parce que c'est une marque de paresse d'esprit que de se contenter de ce que d'autres ont trouvé]
>
> Nihil autem crescit sola imitatione. (10. 2. 8)
>
> [Rien ne se perfectionne par la seule imitation]
>
> Ac sine dubio in omni re imitationem vincit veritas. (Cicéron, *De oratore* 3. 215)
>
> [Sans doute la vérité toujours l'emporte sur l'imitation]

1 Pour un éventail des sources anciennes, voir D'Alton, Peter (*Wahrheit*), Stemplinger, et Ziegler. Sur les concepts d'*imitatio* et *aemulatio*, consulter la thèse de Reiff.

2 Chez les Anciens, la citation était quasi toujours en quelque sorte un compliment. Voir Stemplinger, p. 196ss. et Kroll, p. 174ss. En citant Varius textuellement (*Én*. 6. 621ss), Virgile entendait lui faire honneur (Macrobe 6. 4. 11).

En particulier, on taxait de servilité l'appropriation littérale du bien d'un autre auteur :

> Ideo plerique, cum verba quaedam ex orationibus excerpserunt aut aliquos compositionis certos pedes, mire a se quae legerunt, effingi arbitrantur. Cum et verba intercidant invalescantque temporibus [...] (Quintilien 10. 2. 13)
>
> [Aussi pense-t-on généralement qu'en empruntant à des discours certains mots, ou des pieds déterminés servant à l'harmonie, on reproduit merveilleusement ce que l'on a lu. Mais les mots meurent et renaissent avec le temps]
>
> Imitatio autem (nam saepius idem dicam) non sit tantum in verbis. (10. 2. 27)
>
> [Mais l'imitation, je ne cesserai de le répéter, ne doit pas se borner aux mots]
>
> O imitatores, servum pecus! (Horace, *Épîtres* 1. 19. 19)
>
> [O imitateurs, troupeau servile!]

L'imitateur doit ressembler à son modèle comme un fils à son père :

> Etiam si cuius in te comparebit similitudo, quem admiratio tibi altius fixerit, similem esse te volo quomodo filium, non quomodo imaginem : imago res mortua est. (Sénèque 84. 8)
>
> [Même si en toi l'on reconnaît les traits de quelque modèle profondément gravé dans ton âme par l'admiration, je veux que ce soit la ressemblance d'un fils à son père, non un portrait. Un portrait est chose morte]

Cependant, il n'y a pas d'auteur romain qui se soit interdit de soutirer, surtout aux œuvres de Virgile, un tour d'expression, une citation "imitative", ou une paraphrase. Ces quelques exemples, puisés dans la thèse de Wirth, laissent voir comment Sénèque s'y est pris pour transposer des vers de Virgile dans sa prose :

> [...] sacer intra nos spiritus sedet [...] in unoquoque virorum bonorum, quis deus incertum est, habitat deus. (41. 2)
>
> [un auguste esprit réside à l'intérieur de nous-mêmes (...) Dans le coeur de chaque homme de bien "un dieu habite. Quel est-il ? Nulle certitude ; mais c'est un dieu"]
>
> "Hoc nemus, hunc" inquit "frondoso vertice collem,
>
> (Quis deus, incertum est), habitat deus ; Arcades ipsum Credunt se vidisse Iovem" (*Én.* 8. 351-353)
>
> ["Ce bois, dit-il, cette colline au sommet plein d'ombre, quel dieu ? on ne sait, un dieu l'habite, mes Arcadiens croient y avoir vu Jupiter en personne"]

> At stultis et fortunae credentibus omnis videtur nova rerum et inopinata facies. (76. 34)
>
> [Mais aux esprits déraisonnables, qui ont foi en la Fortune, toujours les événements de ce monde présentent un aspect nouveau et surprenant]
>
> "Non ulla laborum,
> O Virgo, nova mi facies inopinave surgit". (*Én.* 6. 103-104)
>
> [De ces travaux, ô vierge, aucun ne paraît à mes yeux sous
> un aspect étrange ou imprévu]

Orose, dans son *Historia adversum paganos* (*Histoire contre les païens*), emploie des citations "imitatives" de Virgile :

> [...] "quis enim cladem illius" temporis, "quis fando funera explicet aut aequare lacrimis possit dolores ? " (2. 18. 4)
>
> [quelle parole saurait dire le désastre de cette époque et ses morts ; qui pourrait de ses larmes égaler nos douleurs ?]
>
> Quis cladem illius noctis, quis funera fando
> Explicet aut possit lacrimis aequare labores ? (*Én.* 2. 361-362)
>
> [Quelle parole saurait dire le désastre de cette nuit et ses morts ; qui pourrait de ses larmes égaler nos douleurs ?][1]

Dans la *Psychomachie*, Prudence transpose ses citations "imitatives" de poésie en poésie[2] :

> Christe, graves hominum semper miserate labores
> Qui [...] (v. 1)
>
> "Phoebe, gravis Troiae semper miserate labores,
> Dardana qui Paridis [...]" (*Én.* 6. 56-57)
>
> [Phébus, pitoyable toujours aux dures peines d'Ilion, toi qui de Pâris a guidé les traits dardaniens]
>
> Qua se cumque fugax fert cursibus agmen. (v. 447)
>
> Qua se cumque furens medio tulit agmine virgo (*Én.* 11. 762)
>
> [Partout, où la vierge furieuse s'est portée, en pleine mêlée]
>
> Talia per populos edebat funera victrix. (v. 480)
>
> Talia per campos edebat funera ductor. (*Én.* 10. 602)
>
> [Ainsi à travers les plaines, le chef dardanien répandait la mort]

1 Exemple fourni par Coffin.

2 Ces exemples proviennent de l'étude de Dexel sur Virgile et Prudence. Voir aussi Mahoney et Schwen.

CHAPITRE II

HUMANISME ET RENAISSANCE

1. *Le nouveau rapport avec la citation ancienne*

Les lectures de Montaigne se bornaient presque exclusivement aux écrits des Anciens et des Humanistes, et il semble n'avoir eu que des connaissances limitées des littératures latines et vernaculaires du Moyen Age. Sa bibliothèque trahit à cet égard des lacunes évidentes. Parmi les sources médiévales de Montaigne, Villey ne relève que les noms de Joinville, Froissart, et Commynes. Sénèque et Plutarque, à eux deux, contribuèrent de manière décisive au développement de son talent littéraire.

Jusqu'ici, l'usage de la citation dans les littératures latine et vernaculaire de l'Humanisme et de la Renaissance a été peu étudié.[1] Même au Moyen Age, pourtant, la citation littéraire n'était pas limitée seulement à l'Écriture sainte et aux Pères de l'Église. Au contraire, dans les écrits encyclopédiques de Vincent de Beauvais et Brunetto Latini, les citations des poètes latins occupent une place considérable. Cependant, l'étude des textes païens servait surtout à la découverte de vérités individuelles qui se laissaient harmoniser avec la vérité chrétienne. Le but ultime de ce genre de lecture était la droite intelligence des enseignements de la Bible et de la patristique.

Dans le *Petit Jehan de Saintré*, roman d'Antoine de La Sale (milieu du quinzième siècle), les citations des Anciens sont appelées, par exemple, à illustrer les sept péchés mortels que doit éviter le

1 [Depuis une quinzaine d'années, cette question a été entièrement renouvelée ; voir surtout les ouvrages de Brody, Brousseau-Beuermann, Compagnon, Gray, et McKinley *JB*]. Sur divers aspects de la poétique et la rhétorique humanistes, consulter les travaux de Buck, Garin, Gmelin, Herrick, Kristeller, Rüegg, et Schalk ("Alberti") ; les écrits de Borinski, Saintsbury, Spingarn, et Vossler, quoique vieillis, sont loin d'être démunis d'intérêt.

"parfait chevalier" qu'une riche veuve veut faire de l'écuyer Jehan. Dans ce texte, les citations latines ne constituent guère plus qu'un morceau indigeste de philosophie ancienne.

> Et premiers, au regart du péchié d'orgueil : l'amant, pour acquerir par l'amant la tres desiree grace de sa dame, s'efforcera d'estre doulx, humble, courtois et gracieux, afin que nul deshonneste parler ne puist estre dit de luy, en ensuivant le dit du saige Tules de Milesie, qui dit ainsin : *Si tibi copia, si sapiencia formaque detur, sola superbia destruit omnia, si commitetur.* C'est a dire, mon ami : Se tu as habondance de richesses, se tu as saigesse, se tu as noblesse et toute perfection de corps, le seul orgueil, s'il est en toy, destruict toutes tes vertus. Et a ce propos dit Socrates : *Quantumcunque bonus fueris, essendo superbus, totum depravat, te sola superbia dampnat.* C'est a dire, mon ami : Combien que tu soies bon, se tu es orgueilleux, tout est gasté, ton seul orgueil te dampne. Et a ce propos dit encore Trimides, le philosophe : *Ut non infleris, memor esto quod morieris ; unde venis cerne, quo vadis, te quoque sperne.* (p. 17-18)

Et ainsi de suite dans ce récit didactique et lassant.

Vers l'époque du *Petit Jehan*, les Humanistes italiens avaient déjà développé des rapports bien plus intimes avec la littérature ancienne. François Pétrarque, qui fut le tout premier à s'acclimater au monde antique, entretenait en imagination un commerce quotidien avec les auteurs anciens. Il fréquentait la famille des Cornelius, des Scipion, et des Fabius sur le même pied qu'il aurait fait avec des contemporains (*Fam.* 24. 8). Il croyait connaître Cicéron aussi bien que s'il eût vécu avec lui (*Fam.* 24. 4), lui adressant des lettres, au même titre qu'à Sénèque, Varron, Quintilien, Tite-Live, Pollion, Horace, Virgile, et Homère (*Fam.* 24. 3-12). Il tenait même à se sentir physiquement près des auteurs anciens, et il allait visiter les endroits où ils avaient séjourné ; il se mettait à leur place et discutait leurs affaires. Il notait soigneusement chaque expression, chaque anecdote, jusqu'aux détails biographiques les plus insignifiants, dans l'espoir de faire revivre les Anciens dans toute la plénitude de leur existence.

Si Pétrarque vénérait les livres d'un respect quasi religieux, c'est qu'il y voyait comme l'incarnation de leurs auteurs.[1] C'est dans les livres mêmes qu'il poursuit son dialogue quotidien avec les Anciens. C'est dans les marges de son exemplaire de Virgile, copié de sa propre main, qu'il inscrit ses réflexions les plus intimes sur la mort de Laure. Et dans ses notes marginales à l'*Institution oratoire* de Quintilien, il se parle à lui-même comme à "Franciscus" ou "Silvanus" (Nolhac, t. 2, p. 92-93). Ou n'est-ce pas plutôt Quintilien qu'il fait s'adresser à lui en ces termes ?

De telles fréquentations créatives ne devaient marquer qu'un premier pas vers le plein rayonnement de l'influence des Anciens. Pour les successeurs de Pétrarque, il ne suffisait pas tout simplement de s'identifier aux auteurs gréco-romains et de se soumettre librement à leur tutelle intellectuelle ; il s'agissait de se transformer sous leur emprise et de se perfectionner moralement. Prenons à témoin les vues de Leonardo Bruni :

> Videat [Christiana mulier], quid de iis, quae pertinent ad bene vivendum, excellentissima philosophorum ingenia tradidere ; quae de continentia, de temperantia, de modestia, de iustitia, de fortitudine, de liberalitate. Nec ignoret, quae sit de beata vita illorum sententia [...] Itaque multa legendo et discendo undique carpere accumulareque oportet, cunctaque omnifariam scrutari atque rimari, unde nobis ad studia [13] nostra aliqua sit proventura utilitas. Sed sit apud eam selectio diligens et circumspecta temporis impensio, ut potiora semper commodioraque praeponat [...] Praeterea exemplorum copia, quibus plerumque illustrare dicta nostra oportet, non aliunde, quam ab historia, commodius sumetur [...] Ab his et laudare bene facta et detestari facinora addiscemus ; ab his consolari, cohortari, impellere, absterrere. ("De studiis", p. 12-13)
>
> [Que la femme chrétienne s'informe des opinions des plus éminents philosophes sur tout ce qui touche au bien vivre : la continence, la tempérance, le sens de la mesure, la justice, la fortitude, la générosité. Qu'elle se familiarise aussi avec leurs préceptes sur les voies du salut. Il faut ainsi cueillir de tous les côtés, par la lecture et l'étude, une grande provision de connaissances, en cherchant bien, par tous les moyens possibles, à tirer un maximum de profit de nos occupations. Qu'on se

1 Pétrarque s'en prend à un volume des lettres de Cicéron, lequel, étant tombé d'un rayon de sa bibliothèque, lui avait contusionné la jambe gauche (Nolhac, t. 1, p. 56).

montre diligent dans ses choix et prudent dans son emploi du temps, de manière à donner la priorité aux activités les plus urgentes et les plus opportunes. On doit se munir, par ailleurs, d'une abondance d'exemples, tirés préférablement de l'histoire, pour appuyer et illustrer nos propos. C'est à la base de ces exemples qu'on saura louer les belles actions et condamner les crimes, et qu'on apprendra l'art de réconforter, d'encourager, d'inciter, et de dissuader nos proches. *JB*]

Sur chaque question les Anciens laissèrent une abondante matière à discussion et fournirent à ceux qui y étaient disposés une puissante stimulation intellectuelle. Ce fonds traditionnel d'informations et d'exemples constituait non pas un rebut mort et inutile, mais un trésor de thèmes et d'idées tout à fait actuel. Déjà au Moyen Age on cherchait dans l'histoire des exemples positifs et négatifs de comportement moral.[1] Mais c'est l'Antiquité tout entière qui revêt maintenant un caractère quasiment "exemplaire", sans se trouver pour autant à l'abri de toute réflexion critique. Pour Pétrarque, quelque révérence qu'il ressentît à leur égard, les Anciens n'en demeuraient pas moins de faillibles mortels (*Fam.* 6. 2 ; 23. 12).

Les Humanistes lisaient toujours les Anciens les yeux fixés sur leur propre époque, suivant an cela ce vers d'Horace :

> Mutato nomine de te
> Fabula narratur.
>
> (*Sat.* 1. 1. 69)
>
> [Change le nom, cette fable est ton histoire]

On s'empressait d'appliquer au présent les leçons du passé, en suivant l'exemple des Anciens même dans la conduite de la vie personnelle. L'étude des textes et la politique étaient étroitement liées l'une à l'autre.[2] Aux yeux de Leonardo Bruni, la connaissance

---

1 Sur l'*exemplum* au Moyen âge et à la Renaissance, voir Curtius (ch. 3, § 7), Pabst, et Welter. [Voir aussi la reprise récente de la question par Lyons. *JB*]

2 A ce sujet, voir les travaux de Hans Baron. Le modèle ancien se prêtait particulièrement bien à la représentation de la pensée moderne. C'est ainsi que Poggio s'opposa à Guarino, en prenant parti pour le républicain Cicéron, contre l'ennemi de la liberté, César. Mais pour ces deux humanistes, il était surtout

de la *Politique* d'Aristote était tout aussi indispensable pour le citoyen que pour le chef d'État :

> [...] luculentissimum opus, plurimum utilitatis afferre valens gubernatoribus rerum publicarum [...] Plurimum enim interest reipublicae, ut cives sanctissimis praeceptis imbuantur ac non casu fortuitu, sed certo legitimoque calle per disciplinam incedant ad civitatem gubernandam. (Lettre 143)
>
> [(...) ouvrage lumineux qui est de la plus grande utilité pour les gouvernants d'un état (...) Car il est de la plus haute importance dans une république, que les citoyens soient imbus des principes les plus sacrés, et qu'ils apprennent non pas par hasard, mais par l'étude, en suivant un droit et légitime chemin, l'art de gouverner un état. *JB*]

Poussé par un désir effréné de connaissances, on s'est précipité sur les auteurs anciens. Pour les Humanistes, la lecture était comme une transfusion sanguine, par laquelle on faisait passer dans ses propres veines la substance d'autrui.[1] Par ce processus intensif de

---

question de la liberté que la cité italienne se devait de garantir à ses citoyens (Garin, *Umanesimo*, p. 104).

1 Érasme compare souvent ce processus d'incorporation à la digestion. Voir *Le Cicéronien, Opera*, t. 1, col. 1002E, 1022C. Notons l'abondance verbale avec laquelle Pétrarque décrit la méthode humaniste d'assimilation : "Legi apud Virgilium, apud Flaccum apud Severinum apud Tullium ; nec semel legi sed milies, nec cucurri sed incubui, et totis ingenii nisibus immoratus sum ; mane comedi quod sero digererem, hausi puer quod senior ruminarem. Haec se mihi tam familiariter ingessere et non modo memoriae sed medullis affixa sunt unumque cum ingenio facta sunt meo, ut etsi per omnem vitam amplius non legantur, ipsa quidem hereant, actis in intima animi parte radicibus, sed interdum obliviscar auctorem, quippe qui longo usu et possessione continua quasi illa prescripserim diuque pro meis habuerim, et turba talium obsessus, nec cuius sint certe nec aliena meminerim [...] accidit [...] ut nova se offerant. (*Fam.* 22. 2. 12-15) [J'ai lu et relu Virgile, Horace, Tite-Live, et Cicéron, non pas une fois mais mille, non pas en diagonale mais en profondeur, avec toute l'application intellectuelle dont j'étais capable. Ce que j'ai ingéré le matin, je l'ai digéré le soir ; ce que j'ai mangé étant jeune, je l'ai ruminé en homme mûr. Ces lectures se sont si intimement accumulées et fixées en moi, non seulement dans ma mémoire mais jusque dans la moelle de mes os ; elles se sont à tel point incorporées à mon esprit, elles me sont devenues à tel point familières que même si je ne devais plus jamais relire ces auteurs de toute ma vie, leurs mots demeureraient enracinés au plus profond de mon être. Quant au nom des auteurs, il m'arrive de temps en temps de l'oublier, surtout qu'un long et constant commerce avec certains passages me donne souvent l'impression de les avoir écrits moi-même ; ils sont par ailleurs tellement nombreux que, parfois je ne me rappelle

lecture, on munissait sa mémoire d'un trésor global d'informations. Il n'était plus nécessaire de rien apprendre par cœur, et les connaissances mémorisées furent réservées au seul domaine de la polémique. Pétrarque et Montaigne furent assaillis, en écrivant, par un flot de réminiscences anciennes : sous la plume de Pétrarque surgissent au moins trois exemples anciens de dentition anormale (*De remediis utriusque fortunae* 2. 94).[1]

C'est ainsi que put s'instituer une nouvelle relation à la citation ancienne. L'auteur moderne vivait en quelque sorte dans une ambiance citationnelle. C'est la "citation", dans le sens universel du terme, qui donnait le ton à son rapport avec l'antiquité classique, et qui servait de modalité, dans toutes les vicissitudes de la vie, pour se forger la relation la plus directe possible avec les auteurs anciens.

L'Humaniste croyait rehausser l'importance de son propos en précisant, par l'intermédiaire de la citation, que la question sur laquelle il se penchait lui-même avait déjà été traitée par un auteur ancien. Quand il s'évertuait ainsi à trouver des parallélismes idéologiques, des analogies de situation ou, tout simplement, de sentiments, il avait à sa disposition les procédés de la citation, de l'exemple, et de l'allusion.

Pour les Humanistes, c'était une évidence première qu'il fallait au moins illustrer, sinon appuyer, sa propre pensée par une autorité ancienne. Les citations bien éclaircies et artistement mises en œuvre passaient pour de riches trésors ou des pierres précieuses qu'on s'empressait de disséminer dans les lettres aux amis. A la suite de la découverte, dans la bibliothèque de Vérone, des *Lettres à Atticus*, Pétrarque se mit à intercaler de nombreuses citations de Cicéron dans sa correspondance, pour permettre à ses amis de prendre part à cette merveilleuse trouvaille (Voigt, t. 1, p. 143).

---

plus de qui ils sont, ni même qu'ils ne sont pas de moi (...) tant et si bien qu'il m'arrive même de les prendre pour ma propre création. *JB*]

1 [Sur le mode citationnel de Pétrarque dans cet ouvrage, voir l'étude de Rawski, p. 284-90. *JB*]

A une époque où la découverte ou la restitution d'un texte était célébrée comme un événement littéraire, on devait lire de telles citations dans un esprit de révérence et d'édification. Les citations, tout comme les pièces de monnaie que Pétrarque collectionnait, étaient des témoignages éloquents de la présence des Anciens. La meilleure façon d'entendre la voix authentique de Cicéron était de le citer. Ce n'est donc pas un hasard si Pétrarque avait repris la vieille pratique des Anciens de lire à haute voix (*Fam.* 1. 8).

Certes, on cède toujours aisément à la tentation de préférer et de consacrer une idée simplement parce qu'elle est ancienne.[1] On pouvait donc parfois consentir aux citations des Anciens une plus haute valeur et une plus grande force de persuasion qu'à celles qui étaient puisées dans les livres modernes et contemporains. Mais la citation humaniste, à cet égard, est doublement flatteuse, en ce sens qu'elle fait honneur à l'auteur moderne en même temps qu'elle rend hommage à l'auteur ancien. En citant un auteur ancien, l'écrivain humaniste semble se parer d'un peu de son lustre, tandis que l'œuvre ancienne tire aussi un nouvel éclat de la place qui lui est faite dans l'œuvre qui l'accueille.

Un nouveau public, en voie de développement, prisait l'ornement de la citation.[2] Dans les écoles, on compilait des recueils de citations sous forme d'extraits, destinés à être réutilisés par la

1 Voir Bruni : "Verum quae tandem adversus me querela est, si vetusta me, ut vina, quae antiquitatem sapiunt, magis delectant ? Equidem fateor non tam cupide Orpheum Eurydicis amore infernas adiisse sedes, quam ego, si spes modo aliqua offeratur antiquos illos praestantes viros intuendi, ad ultimas penetrerim terras" ("Prooemium", p. 122) [Pourquoi donc me fait-on un reproche de prendre plus de plaisir aux auteurs anciens comme aux vins qui ont de la bouteille ? Et j'avoue qu'Orphée, descendant aux Enfers par amour pour Eurydice, ne brûlait pas d'une plus grande ardeur que je n'en aurais, moi, à m'aventurer jusqu'au bout du monde, si j'avais l'espoir d'y voir face à face ces grands hommes de l'Antiquité. *JB*]

2 Voir Schalk, ***Publikum***. Évidemment, il n'était pas encore possible au quatorzième siècle de citer les Anciens n'importe où et à l'intention de n'importe quel public. L'auditoire de Pétrarque n'a donc guère apprécié que, dans son discours à Jean le Bon (1361), il évoquât des auteurs païens et la déesse Fortuna pour parler du destin de la France (*Fam.* 22. 13 ; Voigt, t. 2, p. 339).

suite ; on y apprenait aussi par cœur des sentences tirées des auteurs anciens.[1]

2. *Les théories humanistes de la citation*

Dans les écrits de Cicéron, Sénèque et Quintilien, le lecteur humaniste pouvait se familiariser avec les éléments de la théorie latine de la citation. Les textes grecs étaient peu accessibles, la connaissance de la langue grecque peu répandue, les éditions et les traductions peu nombreuses.[2] Pétrarque fut le premier à prôner les collections de citations et de sentences, tout en mettant les gens en garde contre leur emploi excessif (Körting, p. 519). Il fallait en cela imiter l'exemple des abeilles, et non pas celui des cultivateurs, en ayant grand soin de ne récolter que le meilleur. Ce n'est pas l'approbation de la multitude qu'on devait rechercher, en faisant montre d'un vain apparat, mais la vérité et la vertu. D'ailleurs, le connaisseur saura faire facilement la différence entre une citation mal comprise, arrachée à son contexte, et une appropriation faite d'une manière vraiment intelligente :

> Sed ne ab apibus ad colonos dilabatur oratio, nunc potius, nunc, in pratis et per rura multorum floribus variis insidamus ; perscrutemur doctorum hominum libros, ex quibus sententias florentissimas ac suavissimas eligentes, candida circum lilia fundamur ; idque sicut indefesse, sic modeste leniterque faciendum est. Studiorum nostrorum non inanem vulgi gloriam ventose contentionis argutiis partam, sed veritatis effectum ac virtutis, honestiorem terminum statuamus. (*Fam.* 1. 8. 19)
>
> [Mais pour ne pas passer, en changeant de métaphore, des abeilles aux cultivateurs, arrêtons-nous plutôt maintenant dans les prés et au milieu des fleurs variées qui poussent dans les champs des autres. Examinons

---

1 Porteau, p. 178ss. Jean Bodin, encore au seizième siècle, écrit au sujet de l'éducation des enfants (le 9 nov. 1586) : "Les ayant ainsi accoutumés à réciter tous les jours ce qu'ils avaient appris, je leur ai dressé trois cent sentences morales en français et en latin [...] que j'ai recueillies des meilleurs auteurs en vers et en prose" (in Guhrauer, p. 255).

2 Les auteurs grecs les plus importants ne furent traduits en latin que vers la fin du quinzième siècle. Hermogène n'était généralement pas connu avant le seizième (Herrick, p. 3). Hermogène n'est pas mentionné dans la *Geschichte der Textüberlieferung*. Sur la bibliothèque de Pétrarque, voir Ullman.

les livres des doctes, et épandons-nous autour des lis blancs, en y glanant les sentences les plus fleuries et les plus douces, et en travaillant d'une manière infatigable, mais en même temps mesurée et paisible. Fixons comme but à nos efforts, non de nous glorifier vainement aux yeux du vulgaire, par les subtilités d'une discussion creuse, mais – ambition plus honorable – consacrons-nous à la recherche de la vérité et de la vertu. *JB*]

Plaudunt tibi discipuli et omniscium vocant, innumerabilium auctorum nominibus attoniti, quasi omnium, quorum titulos tenes, et notitiam sis adeptus ; docti autem perfacile discernunt quid cuiusque proprium, quid alienum sit, et rursus quid mutuum, quid precarium, quid furtivum, quid e medio haustum, quid a pretereunte delibatum. Memoriam ostentare puerilis est gloria ; viro, ut ait Seneca, captare flosculos turpe est, quippe quem fructu deceat gaudere, non floribus. (*Fam.* 4. 15. 16-17)

[Tes élèves t'applaudissent et, impressionnés par le grand nombre de noms propres que tu cites, te proclament un puits de science, comme si tu possédais à fond tous les livres dont tu ne connais que la page de titre. Mais les doctes savent bien faire la différence entre ton bien propre et celui d'autrui, entre tes emprunts, tes dettes, et tes larcins, entre ce qui a été aspiré du coeur de la fleur et ce qui a été goûté en passant. C'est une vanité puérile que de faire parade de sa mémoire. Il est indigne d'un homme, dit Sénèque, de cueillir des fleurettes ; il devrait trouver son plaisir dans le fruit plutôt que dans la fleur. *JB*]

Si la brièveté est la première qualité du style, il n'y a aucune raison de renoncer à une citation, car il est vain de poursuivre l'impossible, au lieu de faire son profit du possible (*Fam.* 1. 8. 12). Il s'entend, naturellement, que la parole empruntée sera transformée en bien personnel :

Quanquam quid ego alienum aliquid dixerim, licet ab aliis elaboratum, cum Epicuri sententia sit ab eodem Seneca relata, quicquid ab ullo bene dictum est, non alienum esse sed nostrum ? (*Fam.* 1. 8. 3)

[Pourquoi dire que telle pensée appartient à un auteur donné, quand bien même elle aurait été retravaillée par d'autres, alors que, selon Épicure, cité par Sénèque, tout ce qui a été bien exprimé par qui que ce soit, appartient à tout le monde et non à un auteur donné. *JB*]

Boccace est fier des vers grecs qui ornent sa *Généalogie des dieux païens* (15. 7) :

[...] meum est hoc decus, mea gloria est, scilicet inter Etruscos Graecis uti carminibus. (Stackelberg, *Prosatexte*, p. 57)

[Je revendique l'honneur et la gloire de cultiver les vers grecs parmi les Toscans. *JB*]

Cependant, le fait d'insérer des vers grecs dans la prose latine fut nettement mal reçu par le public lecteur du quatorzième siècle. De telles citations, que personne ne comprenait, étaient jugées comme inutiles. Mais à ce reproche Boccace opposait ses propres efforts pour avancer la cause des études grecques en Italie. Et, en cela, il suivait l'exemple des auteurs romains :

> Nec insuper ego solus sum, qui miscuerim Graeca Latinis ; vetus consuetudo est. Volvant, si libet, volumina Ciceronis, videant scripta Macrobii, intuantur Apuleii libros, et, ne plures afferam, Maximi Auxonii opuscula legant ; hos saepissime versus Graecos Latinis litteris inserentes invenient. Horum ego vestigia in hoc secutus sum.
>
> (*ibid*. p. 56)
>
> [Je ne suis pas le seul, par ailleurs, à mêler les mots grecs aux latins ; c'est une habitude ancienne. Ouvrez un volume de Cicéron, voyez les écrits de Macrobe, jetez un coup d'oeil sur les livres d'Apulée, ou, pour ne pas multiplier les exemples, les œuvres de Maxime Ausone. Vous trouverez que ces auteurs citent souvent des vers grecs dans leurs textes latins. C'est leur exemple, en l'occurrence, que j'ai suivi. *JB*]

Les citations en vers ont pour effet, selon Boccace, d'égayer la prose et, ce faisant, de préserver le lecteur de l'ennui.

> Delectat insuper scriptores non numquam aliqua scriptis inserere, quae abeant aliquo modo lectorem sistere, ac in oblectationem seu quietem deducere, ne perseveratione nimia uniformitate lectionis tractus in taedium a lectura desistat.
>
> [En outre, les auteurs aiment insérer parfois des citations pour arrêter en quelque sorte le lecteur, et dans le but de le divertir ou de le délasser. Sans quoi, fatigué par une application trop soutenue, il pourrait finir par abandonner sa lecture. *JB*]

Qui plus est, on devrait citer d'après les originaux et non pas d'après les sources secondaires. Il est assez souvent arrivé à Boccace, à titre personnel, de citer des vers d'Homère en passant par des intermédiaires anciens, mais l'eau qu'on puise à la source même est bien plus pure que celle de ses ruisseaux tributaires :

> Insipidum est ex rivulis quaerere, quod possis ex fonte percipere! Erant Homeri libri mihi et adhuc sunt, a quibus multa operi nostro accomoda sumpta sunt. Et ex his satis percipi potest plurima a priscis assumpta, a quibus tamquam a rivulis, non est dubium, sumere potuissem, et sumpsi saepissime ; verum visum est aliquando, satius ex fonte sumere quam ex

> rivo. Nec semel tantum contigit, non in rivo reperiri, quod abundantissimum erat in fonte, et sic aliquando in hoc hinc delectatio, inde necessitas impulere. (*ibid.*)
>
> [Il est bête d'aller puiser dans les ruisseaux l'eau qu'on peut prendre à la source. J'ai eu et je possède toujours un exemplaire d'Homère auquel j'ai fait bien des emprunts pour mon œuvre personnelle. Évidemment, beaucoup de mes citations homériques ont été alléguées par les Anciens, chez qui j'aurais sans doute pu les puiser comme à des ruisseaux dérivés ; ce qu'il m'est souvent arrivé de faire. Mais d'autres fois, j'ai préféré la source au ruisseau, découvrant fréquemment en abondance dans l'une, ce que je n'avais guère pu trouver dans l'autre. J'ai donc procédé tantôt par goût, tantôt par nécessité. *JB*]

Les citations en langue originale ont une force de persuasion bien plus grande que les traductions. En remontant à la source, par ailleurs, on peut vérifier les textes dont il s'agit :

> Insuper quod in propria forma positum est, habet vires testimonii pleniores, si forsan obiurgator insistat. Si sit ergo, qui scripto a me carmini fidem non praebeat, adinventa Iliade vel Odyssea, facile poterit vidisse, numquid vera aut falsa descripserim, et si vera, erit plenior testimonii certitudo. (p. 56)
>
> [En outre, les citations originelles ont une plus grande force de témoignage face à la contestation. Si quelqu'un n'ajoute pas foi à l'une de mes citations en vers, il peut facilement la vérifier dans le texte même de l'*Iliade* ou de l'*Odyssée*. S'il se trouve que la citation est juste, sa valeur de témoignage en sera accrue. *JB*]

Selon Leonardo Bruni, l'ornement que constituent les citations anciennes, qu'il compare au scintillement des étoiles, sert à rehausser la force de persuasion du "discours". Et l'on peut adapter les citations aux nécessités du moment :

> Iam vero illa verborum sententiarumque ornamenta, quae tamquam stellae quaedam et faces orationem illuminant et admirabilem reddunt, instrumenta oratorum propria sunt, quae mutuabimur, ab illis scribentes loquentesque, et in usum nostrum, cum res poscet, vertemus. ("Studiis", p. 13)
>
> [Au vrai, les ornements des citations et des sentences éclairent le style comme des étoiles et des flambeaux et lui confèrent tout son prix. Ce sont les outils proprement dits des orateurs ; nous les empruntons pour nos écrits et nos discours, prêts à les faire nôtres quand le sujet l'exige. *JB*]

Un passage, qui dans l'original doit être pris à la lettre, peut être cité dans un sens métaphorique. Bruni montre, à l'aide de quelques exemples, comment les Anciens exploitaient déjà cette sorte de citation figurée :

> Saepe etiam ex uno aut altero verbo totas sententias significamus ; ut "actoris Aurunci spolium" [Virg. *Én.* 12. 94 et Juv. *Sat.* 2. 100], quod ridicule de speculo poeta dixit ; et illud "utinam ne in nemore Pelio" [Ennius in *Rhet. ad Her.* 2. 22. 34] quod originem causamque mali primaevam ostendit. Haec apud Graecos frequentissima sunt. Nam et Plato multis in locis talia interserit – et Aristoteles crebro his utitur. Ut : "duo simul euntes", quod ab Homero sumptum ad vim ac robur amicitiae transfert. Et de *surreptitio repulso*, quod ab Achille in oratione ad legatos dictum in *Politicorum* libris [3. 5. 9] expressit. Et de *Helenae pulchritudine* et gratia, quod a senioribus Troianorum sapienter dictum transfert ad naturam voluptatis [*Éth. à Nic.* 2. 9. 6]. Latus est hic ad dicendum campus. Nam et Graeca lingua diffusissima est, ac innumerabilia sunt huiusmodi apud Aristotelem et Platonem de Homero, de Hesiodo, de Pindaro, de Euripide ac de ceteris veteribus poetis scriptoribusque assumpta, et alioquin crebrae interseruntur figurae, ut, nisi quis in multa ac varia lectione omnis generis scriptorum versatus fuerit, perfacile decipiatur ac male capiat, quod est transferendum. ("De interpretatione", p. 85)
>
> [Souvent même on peut rendre une idée toute entière au moyen de quelques mots, comme, par exemple, "dépouille d'Actor l'Auruncien", expression que le poète emploie plaisamment pour parler d'un miroir, ou le vers d'Ennius, "Plût aux dieux que jamais dans les bois du Pélion", pour dénoncer la cause et l'origine lointaines du mal. C'est un procédé des plus fréquents chez les Grecs, qu'on trouve souvent sous la plume de Platon et Aristote. A titre d'exemple : "deux allant de conserve", mots empruntés par Aristote à Homère pour parler de la force de l'amitié ; l'expression "immigrant méprisable" du discours d'Achille aux ambassadeurs, alléguée dans la *Politique* ; la sage réflexion des vieillards de Troie sur *la beauté et la grâce d'Hélène*, appliquée par Aristote à la nature de la volupté. L'auteur a ici le champ libre. Car la langue grecque est vraiment des plus inventives, et, chez Platon et Aristote, les emprunts de ce genre à Homère, Hésiode, Pindare, Euripide, ainsi qu'aux autres poètes et écrivains anciens, sont effectivement très nombreux. D'autre part, les figures sont intercalées un peu partout dans leurs écrits, et, à moins d'avoir de vastes lectures et une bonne connaissance de tous les genres littéraires, on risque aisément de se tromper sur le sens de ces applications métaphoriques. *JB*]

Les citations de ce genre représentent donc un obstacle dangereux pour le lecteur moderne, qui n'a plus la culture littéraire nécessaire pour dégager le sens figuré de la citation en la comparant à l'original.

Il n'est guère étonnant que, dans la théorie du genre épistolaire d'Ange Politien, une place privilégiée soit réservée à la citation. Car chez les Anciens, la lettre était déjà considérée comme un genre particulièrement bien adapté à l'emploi des citations. Politien s'est prononcé pour l'usage modéré des "proverbes" et des "sentences", qu'il comptait parmi les ornements les plus obvies tant de l'"epistola ociosa" que de l'"epistola gravis et severa" :

> Multas epistolae inesse convenit festivitates, amoris significationes, multa proverbia, ut quae communia sunt atque ipsi multitudini accomodata. Qui vero sententias venatur quique adhortationibus utitur nimiis, iam non epistolam, sed artificium oratorium [...] (Garin, *Prosatori*, p. xi, note 3)
>
> [Les lettres doivent contenir beaucoup de choses plaisantes, des témoignages d'amitié, beaucoup de proverbes, comme de ces propos tirés du langage commun qui sont accommodés au goût du peuple. Ceux, pourtant, qui courent après les sentences et qui emploient trop d'exhortations font non pas des lettres mais de beaux discours oratoires. *JB*]

Ce langage pourrait s'appliquer tout aussi bien au dialogue et au traité, car Politien souligne par la suite les affinités essentielles entre "epistola" et "dialogus".[1] Pietro Bembo ne voit pas comment un écrivain moderne peut écrire un bon livre sans emprunter, à droite et à gauche, des citations aux auteurs anciens. Au nombre de ces "emprunts" ("mutuationes"), il met les sentences, les comparaisons, les images, "et les autres figures et ornements stylistiques" ("aut alias scribendi figuras atque lumina"), les descriptions de tout genre des lieux et des temps, et même les éléments structurels ("aut ordinem aliquem ac seriem").

---

1 "Epistola velut pars altera dialogi [...] maiore quadam concinnatione epistola indiget quam dialogus (...) imitatur enim hic extemporaliter loquentem [...] at epistola scribitur" (*ibid.*) [Une lettre est comme l'une des deux voix d'un dialogue (...) Mais elle veut plus d'élégance que le dialogue (...) Car celui-ci imite la parole impromptue (...) alors que la lettre est un texte écrit. *JB*]. La théorie épistolaire humaniste ne s'est sûrement pas formée à partir des sources helléniques, mais plutôt sur le modèle romain. Cependant, c'est l'exemple pratique, surtout celui de Cicéron et de Sénèque, qui semble avoir été décisif. C'est de leurs techniques citationnelles qu'on a dégagé les lignes directrices des pratiques modernes.

> Quis enim opus legitimum conficere potest ullum, qui nihil mutuetur, nihil quoquam sumat, quod scriptis inserat atque interspergat suis ? Quis non aut sententias, aut similitudines, comparationesque aut alias scribendi figuras atque lumina ? Quis non aut locorum, aut temporum descriptiones, aut ordinem aliquem ac seriem ? Quis non etiam aut belli, aut pacis, aut tempestatum, aut errorum, aut consiliorum, aut amorum, aut aliarum omnino rerum exemplum aliquod ab iis capiat, quos multum perlegerit, quos diu in manibus habuerit, cum Latinis, tum Graecis, tum certe etiam vernaculis, ut sunt nonnulli excellentes in ea lingua viri ? (à Fr. Pico, janv. 1513, in Gmelin, p. 191)
>
> [Comment composer un ouvrage juste et régulier qui ne soit pas entrelardé de citations cueillies ici et là ? Comment ne pas emprunter des sentences, des métaphores, des similitudes, et d'autres figures et ornements stylistiques, des descriptions de lieux et de temps, ou l'ordre et la séquence des événements, ou quelque exemple de guerre, de paix, de tempêtes, d'errements, de conseils, d'amours, et j'en passe ? Comment ne pas faire notre gibier de ces auteurs, les Latins comme les Grecs, que nous avons lus et relus et si longtemps fréquentés, ou même de ces éminents auteurs vernaculaires dont notre pays n'est pas entièrement dépourvu ? *JB*]

Dans son dialogue du *Cicéronien, ou du meilleur style* (1528), Érasme critique le mode citationnel de Cicéron. Bulephorus, son porte-parole en l'occurrence, reproche à l'orateur romain d'avoir converti les dactyles en iambes dans ses citations en traduction latine des vers d'Homère, de Sophocle, et d'Euripide. Érasme signale aussi que le tour archaïque de ses citations d'Ennius, de Naevius, et de Lucilius s'accorde mal avec le style personnel de Cicéron.

A vrai dire, cette critique s'insère dans une controverse satirique sur l'*imitatio* véritable pratiquée par Cicéron. Nosoponus est atteint de la maladie nommée "cicéronianisme" ; ses amis Bulephorus et Hypologus cherchent à le guérir de cette manie de l'imitation servile, en lui montrant combien il est ridicule de vouloir s'approprier tous les traits de style d'un seul auteur. Qui voudrait ressembler exclusivement à Cicéron en tout, devrait imiter jusqu'aux défauts de sa façon de citer.

> Quam multos versus admiscet scriptis suis ex Homero, Sophocle et Euripide parum feliciter versos, praeter Graecorum exemplum in iambicis eam usurpans libertatem, quam sibi Latini comoediarum scriptores permiserunt ? Tu, si quid simile voles facere, num vereberis

ea felicius, si possis, ac minore licentia vertere, ne sis parum Ciceroni similis ? An non deshonestat orationem solutam, qui versiculos, quos vertendo facit suos, parum reliquae dictioni congruentes admiscet ? Tum, quoniam identidem ille suis libris aspergit versus Ennianos, Naevianos, Pacuvianos et Lucilianos, horridam illam et inconditam antiquitatem resipientes : tibi religio erit similes, immo dissimiles versus ex Virgilio, Horatio, Ovidio, Lucano, Persiove proferre, quorum lucubrationes ut minus horroris, ita plus habent tum elegantiae tum eruditionis ? An hic metues videri M. Tullio dissimilis ? (*Opera*, t. 1, col. 984AC)

[Dans les écrits du cicéronien, on trouve quantité de vers mal traduits d'Homère, de Sophocle, et d'Euripide, composés en mètres iambiques conformément aux licences poétiques des comiques latins, mais contrairement à la pratique des Grecs. Et toi, si tu voulais en faire autant, hésiterais-tu à fournir, si tu le pouvais, des traductions plus heureuses et plus fidèles sur le plan métrique, de peur de ne pas ressembler assez à Cicéron ? Ne gâte-t-il pas sa prose en y mêlant des bouts de vers, qu'il s'approprie en les traduisant, et qui s'intègrent mal dans le contexte ? Et encore, puisqu'il ne cesse de disséminer dans ses livres des vers d'Ennius, de Naevius, de Pacuvius, et de Lucilius, qui sentent une antiquité rugueuse et inculte, te ferais-tu un scrupule de citer des vers semblables – ou plutôt dissemlables – de Virgile, d'Horace, d'Ovide, de Lucain, ou de Perse, dont les pensées ont à la fois moins d'aspérités et plus d'élégance et d'érudition ? Craindrais-tu, ce faisant, de paraître moins cicéronien ? *JB*]

Le cicéronien doit donc, contrairement à l'usage de Cicéron, citer les poètes latins plus récents. Lorsqu'il s'agit de composer une belle épître cicéronienne, Nosoponus sort son gros lexique en trois volumes de la langue de Cicéron, pour y chercher les tropes, les formules, et les cadences qui doivent figurer dans sa lettre. Il ne néglige pas non plus de semer ici et là quelques sentences :

Evolvo quam plurimas Ciceronis epistulas : elenchos meos omnes consulo, seligo voces aliquot insigniter Ciceronianas, deinde tropos, formulas, tum numeros : demum affatim instructus huiusmodi supellectile, dispicio quos flosculos quibus locis possim inserere. Mox ad sententiarum curam redeo. Hoc enim iam artis est, sensus ad haec verborum ornamenta invenire. (*Ibid.* col. 978C)

[Je lis autant de lettres de Cicéron que possible ; je consulte toutes mes listes. Je choisis d'abord les mots, puis les figures, les formules, enfin les cadences typiquement cicéroniens. Finalement, lorsque je me trouve muni d'un arsenal suffisant de procédés, je tâche de voir dans quel passage je peux placer ces fleurs du discours. Ceci dit, je reprends la question des idées. Car l'art consiste alors à trouver un sens qui aille avec ces ornements stylistiques. *JB*]

Et au cours de son entretien avec ses amis, ce pédant ne manquera pas, naturellement, de faire parade de quelques citations en vers des auteurs anciens.

Dans l'*Éloge de la folie* Érasme dénonce ouvertement la tendance de ses contemporains à prodiguer des citations, à tout prix et à tout bout de champ, rien que par désir de se faire valoir. Des bribes de grec au beau milieu d'un texte latin, ou même quelques mots archaïques, dégotés dans un tome moisi, suffisent pour épater le lecteur. Celui qui comprend ces citations abstruses, s'applaudit de son propre savoir ; celui qui ne les comprend pas, admire d'autant plus le savoir de l'auteur citateur :

> Visum est enim hac quoque parte nostri temporis rhetores imitari, qui plane Deos esse sese credunt, si hirudinum ritu bilingues appareant, ac praeclarum facinus esse ducunt, latinis orationibus subinde graeculas aliquot verbulas velut emblemata intertexere, etiamsi nunc non erat his locus. Porro si desunt exotica, e putribus chartis quatuor aut quinque prisca verba eruunt, quibus tenebras offundant lectori, videlicet, ut qui intelligunt magis ac magis sibi placeant : qui non intelligunt, hoc ipso magis admirentur quo minus intelligunt.
>
> [Oui, j'ai trouvé bon d'imiter aussi sur ce point les rhéteurs d'aujourd'hui qui se croient de vrais dieux, quand on leur voit deux langues comme aux sangsues, et qui tiennent pour un exploit éblouissant d'enchâsser dans leurs discours latins quelques petits mots grecs, ainsi qu'une pierre dans une mosaïque, même si c'est tout à fait hors de propos. Et si les mots étrangers leur manquent, ils vont fouiller dans des parchemins pourris où ils déterrent quatre ou cinq archaïsmes qui leur permettent de déverser l'obscurité dans l'esprit du lecteur : ceux qui les comprennent sont encore plus contents d'eux-mêmes, ceux qui ne les comprennent pas admirent d'autant plus qu'ils comprennent moins. (*Éloge*, p. 114-115)

Pourtant, Érasme ne se limite pas à cette critique, et dans les *Adages* il donne une série d'autres préceptes sur l'appropriation de ces morceaux de sagesse traditionnelle. Les adages sont comme des pierres précieuses, dit-il. Ils doivent servir d'assaisonnement et non pas de plat ("non tanquam cibis, sed veluti condimentis") ; il faut les insérer seulement là où ils sont vraiment de mise ("ne quovis inseramus" [...] "si non suo loco adhibueris adagium"), en évitant de diminuer leur efficacité et leur éclat par une accumulation inconsidérée ("Densitas enim earum [gemmarum] obstat invicem, quo minus eluceant") (*Opera*, t. 2, col. 9BD). Certes, on doit employer les adages plus librement dans les lettres que dans la prose formelle ("In epistolis tamen familiaribus licebit paulo liberius hoc genere ludere : in oratione seria, sicuti parcius, ita etiam accuratius adhibendae").

Dans son ouvrage *De copia verborum (De l'abondance des paroles)*, dans la section intitulée "Auctores citandi formulae" ("Formules pour citer les auteurs"), Érasme énumère vingt-six procédés pour introduire une citation dans un texte (*Opera*, t. 1, col. 46F). Sur l'application des sentences, des lieux-communs, et des exemples, l'écrivain débutant trouvera des directions précises dans les sections : "Loci communes" [Les lieux-communs], "Quomodo tractanda sint exempla" [Comment traiter les exemples], "Secundus modus locupletandi exempla" [Deuxième façon d'enrichir les exemples], "De exemplo fabuloso" [Des exemples légendaires], "Tertius modus locupletandi exempla" [Troisième façon d'enrichir les exemples], "Ratio colligendi exempla" [Méthode pour relever les exemples], et "De sententiis" [Des sentences] (t. 1, col. 87-100). Erasme pensait sans doute ici à l'usager de ses propres compilations savantes. Les *Adages*, les *Paraboles*, et les *Apophtegmes* n'étaient pas destinés seulement à mettre la sagesse antique à la portée d'un grand public, et à lui faciliter l'accès aux textes anciens ; les compilations d'Érasme visaient aussi à fournir aux écrivains des trésors de citations de tout genre.[1]

1 Voir les avant-propos des *Adages* et des *Apophthegmes*. [Sur le rôle d'Érasme comme intermédiaire dans la transmission du savoir antique, consulter les articles de Campion et Kinney. *JB*]

3. *La citation comme moyen d'imitation*

La rencontre de Pétrarque avec la théorie ancienne de l'*imitatio* est clairement marquée dans son exemplaire de l'*Institution oratoire* de Quintilien. Dans les marges de ce volume, il inscrit ses commentaires sur les propositions principales du dixième livre :

1. Ante omnia igitur imitatio per se ipsa non sufficit, vel quia pigri est ingenii contentum esse iis quae sint ab aliis inventa. (10. 2. 4)

   [Or, avant tout, l'imitation toute seule ne suffit pas, quand ce ne serait que parce que c'est une marque de paresse d'esprit que de se contenter de ce que d'autres ont trouvé.]

   Commentaire marginal : *Hinc quod est in scholastica disciplina*
   [D'où ce défaut de la discipline scolastique]

2. Cur igitur nefas est reperiri aliquid a nobis quod ante non fuerit. (10. 2. 5)

   [Pourquoi donc nous serait-il défendu de chercher à découvrir ce qui ne l'a pas été avant nous ?]

   Commentaire marginal : *audi inventor*
   [Écoute, créateur]

3. Nihil autem crescit sola imitatione. (10. 2. 8)
   [Rien ne se perfectionne par la seule imitation].
   Commentaire marginal : *!*

4. Ideo plerique, cum verba ex orationibus excerpserunt aut aliquos compositionis certos pedes, mire a se, quae legerunt, effingi arbitrantur. (10. 2. 13)

   [Aussi pense-t-on généralement qu'en empruntant à des discours certains mots ou des pieds déterminés servant à l'harmonie on reproduit merveilleusement ce que l'on a lu.]

   Commentaire marginal : *audi inventor frivole*
   [Écoute, vain créateur]

5. Imitatio autem (nam saepius idem dicam) non sit tantum in verbis. (10. 2. 27)
   [Mais l'imitation, je ne cesserai de le répéter, ne doit pas se borner aux mots].
   Commentaire marginal : lege, *Silvane, memoriter*[1]
   [Souviens-toi de ces paroles, Sylvanus]

---

1 Ces exemples sont fournis, parmi d'autres de la même portée, dans les ouvrages de Nolhac, p. 285ss et Gmelin, p. 118ss.

Pétrarque développe ces idées pour son propre compte : l'"imitator" ne devrait pas chercher l'identité avec son auteur-modèle. Il devrait plutôt lui ressembler comme un fils à son père ; examinés de près, les traits ressemblants s'avèrent être, au contraire, des différences.[1] Une telle "similitudo", quoique perceptible, serait pourtant difficile à décrire avec des mots. Il y a donc deux sortes de "similitudo" : l'une saute tout de suite aux yeux ("eminet") chez l'"imitator" qui poursuit l'"identitas" par l'appropriation verbale ; elle est le fait d'un singe ; l'autre, qui a quelque chose de foncièrement caché ("occultum"), révèle la présence d'un poète. Imbu de l'esprit du modèle ("utendum ingenio alieno"), l'écrivain, sans s'interdire les ornements poétiques ("utendumque coloribus"), devrait toutefois se garder de citer textuellement ("abstinendum verbis") :

> [...] curandum imitatori ut quod scribit simile non idem sit, eamque similitudinem talem esse oportere, non qualis est imaginis ad eum cuius imago est, quae quo similior eo maior laus artificis, sed qualis filii ad patrem. In quibus cum magna saepe diversitas sit membrorum, umbra quaedam ei quem pictores nostri aerem vocant, qui in vultu inque oculis maxime cernitur, similitudinem illam facit, quae statim viso filio, patris in memoriam nos reducat, cum tamen si res ad mensuram redeat, omnia sint diversa ; sed est ibi nescio quod occultum quod hanc habeat vim. Sic et nobis providendum ut cum simile aliquid sit, multa sint dissimilia, et id ipsum simile lateat ne deprehendi possit nisi tacita mentis indagine, ut intelligi simili queat potiusquam dici. Utendum igitur ingenio alieno utendumque coloribus, abstinendum verbis ; illa enim similitudo latet, haec eminet ; illa poetas facit, haec simias... ut scribamus scilicet sicut apes mellificant, non servatis floribus sed in favos versis, ut ex multis et variis unum fiat, idque aliud et melius. (*Fam.* 23. 19. 12-13)
>
> [(...) l'imitateur doit veiller à ce que la ressemblance ne dégénère pas en identité. Et cette ressemblance ne doit pas être celle qui unit un portrait à son modèle – plus elle est exacte, plus on loue le talent de l'artiste – mais plutôt celle qui unit un fils à son père : si grandes que soient souvent les différences physiques entre eux, on devine dans le visage et surtout dans les yeux de l'un et de l'autre une sorte d'ombre, ce que nos peintres appellent un "air", qui produit une ressemblance telle qu'on ne

1 [Cette distinction entre les traits d'un portrait et un vague air de famille est empruntée, en l'occurrence, à Sénèque 84.8. Voir plus haut p. 37. (*JB*)]

saurait voir le fils sans penser aussitôt au père. Pourtant, lorsqu'on se penche sur les détails, on ne voit plus de ressemblance du tout. Mais il y a là un je ne sais quoi de caché qui a sur nous cet effet. Il faut donc veiller à ce que la ressemblance, s'il s'en trouve une, soit accompagnée par des dissemblances, que la similarité soit dissimulée de manière à ne se laisser débusquer que par un patient effort de l'esprit, et qu'il soit plus facile de constater sa présence dans un texte que de dire en quoi elle consiste. Voilà pourquoi il vaut mieux reprendre l'esprit et les images des autres que reproduire leurs paroles. Car les affinités de ce genre restent diffuses, alors que les ressemblances verbales sautent aux yeux. Se servir de l'esprit et des images d'un auteur, c'est se comporter en poète ; s'approprier ses paroles, c'est se comporter en singe. Composons donc nos textes, comme les abeilles font leur miel : elles ne gardent point les fleurs intactes, elles les transforment en rayons de miel, et d'un matériau multiple et divers, elles font un produit uni, nouveau et supérieur. *JB*]

Au lieu de subtiliser des passages à l'ouvrage d'un autre, Pétrarque cherchait, tout au plus, à y faire des emprunts en toute honnêteté et "provisoirement" ("precario [...] in tempore"). Mais il aimait mieux, dans la mesure du possible, travailler de son propre fonds ; préférant ne pas prendre de guide du tout, qu'il aurait fallu suivre aveuglément et servilement, il se réservait la liberté d'ouvrir lui-même de nouvelles voies :

> Quid ergo ? Sum quem priorem semitam, sed non semper aliena vestigia sequi iuvet ; sum qui aliorum scriptis non furtim sed precario uti velim in tempore, sed dum liceat, meis malim ; sum quem similitudo delectet, non identitas, et similitudo ipsa quoque non nimia, in qua sequacis lux ingenii emineat, non caecitas, non paupertas ; sum qui satius rear duce caruisse quam cogi per omnia ducem sequi. Nolo ducem qui me vinciat sed precedat ; sint cum duce oculi, sit iudicium sit libertas ; non prohibear ubi velim pedem ponere et praeterire aliqua et inaccessa tentare. (*Fam.* 22. 2. 20-21)[1]

---

1 "Sed illud affirmo : elegantioris esse solertie, ut apium imitatores, nostris verbis quamvis aliorum hominum sententias proferamus [...] felicius quidem, non apium more passim sparsa colligere, sed quorundam haud multo maiorum vermium exemplo, quorum ex visceribus sericum prodit, ex se ipso sapere potius et loqui (*Fam.* 1. 8. 4-5). [Je maintiens qu'il est bien plus élégant de faire comme les abeilles, et de coucher les idées d'autrui dans un langage à nous (...) Mais il vaut mieux encore, au lieu de glaner çà et là comme les abeilles, imiter l'exemple de ces vers, un peu plus grands que les abeilles, qui extraient la soie de leurs propres viscères, et tirer de notre for intérieur la forme et le fonds de notre discours. *JB*]

> [Tu veux savoir quelle sorte d'homme je suis ? Je suis homme à suivre la voie frayée par mes devanciers, sans pourtant mettre mes pas dans les leurs. Je suis homme à utiliser les écrits d'autrui au moment propice et à titre provisoire, mais sans me les approprier comme un voleur ; cependant, je préfère, dans la mesure du possible, travailler de mon propre fonds. Je suis homme à imiter les autres, non pas à les copier. Quant à l'imitation elle-même, je la veux raisonnable, apte à mettre en évidence le talent de l'imitateur, non pas son peu de discernement ou la pauvreté de son invention. Je suis de ceux qui aiment mieux ne pas prendre de guide du tout, que d'avoir à le suivre en tout. Je veux un guide qui me montre le chemin sans m'entraver ; celui qui tient son regard toujours fixé sur un guide risque de compromettre son jugement et sa liberté. Je ne me laisserai pas interdire de porter mes pas où je veux, de faire des détours, ou de m'aventurer sur des terres inexplorées. *JB*]

Il excluait pour les autres, comme pour lui-même, la citation textuelle comme moyen d'imitation littéraire. Il reproche à Macrobe, par exemple, d'avoir copié Sénèque mot pour mot :

> Eius autem non sensum modo, sed verba Macrobius in *Saturnalibus* posuit ; [...] non enim flores apud Senecam lectos in favos vertere studuit sed integros et quales in alienis ramis invenerat, protulit. (*Fam.* 1. 8. 3)
>
> [Macrobe a mis dans les *Saturnales* non seulement la substance, mais les mots mêmes de Sénèque [...] et les fleurs cueillies chez lui, il n'a pas cherché à les transformer en miel ; il s'est contenté de les présenter sans en rien retrancher, telles qu'il les avait trouvées sur les branches d'une autre plante. *JB*]

Pétrarque est saisi d'horreur ("obstupui") en apprenant que l'expression "atque intonat ore", qu'il avait employée dans ses *Bucoliques* (6. 193), reproduisait, sans qu'il en fût conscient, une formule de Virgile (*Én.* 6. 607). Il proteste que cela s'est produit absolument à son insu, précisant qu'il tâche toujours d'éviter des citations de ce genre. Et que, quand il n'y réussit pas, on doit en imputer la faute à une affinité spirituelle insurmontable avec un auteur ancien :

> Siquid unquam [...] tale meis in carminibus invenis, scito id non iudicii mei esse sed erroris [...] mihi tamen nihil operosius in scribendo nihilque difficilius se offert, quam et mei ipsius et multo maxime precedentium vitare vestigia. (*Fam.* 23. 19. 15)

> [Si jamais tu trouves dans mes vers une citation de ce genre, sache bien que je l'ai faite par inadvertance, et non pas consciemment [...] rien ne me coûte plus de peine et d'effort, quand j'écris, que d'éviter de me répéter moi-même ou, à plus forte raison, de suivre à la trace mes devanciers]
>
> In his quidem discernendis non parvus mihi labor oritur ; nostrum enim testor Apollinem [...] et [...] Christum, me nec illius praedae avidum et ut patrimonii sic ingenii alieni spoliis abstinere. Siquid aliter inventum erit ac dico, vel in his quos non legi, similitudo facit ingeniorum [...] vel in aliis error aut oblivio. (*Fam.* 22. 2. 15)
>
> [Je dois fournir un effort considérable pour bien distinguer entre mon propre travail et celui d'autrui ; j'appelle mon cher Apollon (...) et le Christ à témoin, que j'ai horreur de ce genre d'appropriation et que je respecte autant le bien spirituel des autres que leur patrimoine. Si, malgré que j'en aie, l'un de mes écrits comportait une quelconque réminiscence verbale inavouée, il s'agirait ou bien, pour un livre que je n'ai pas lu, d'une pure coïncidence d'idées, ou bien, pour les autres, d'une erreur ou d'un oubli de ma part. *JB*]

Par la suite, ce furent Paolo Cortesi et, plus tard, Pico le jeune et Bembo, qui cherchèrent à fixer les limites *ne plus ultra* de l'imitation littéraire (Gmelin, p. 181ss.). Mais pour ce qui est de la servile “imitatio” littérale, les grands Humanistes furent unanimes à la condamner. Dans le *Cicéronien* encore, Nosoponus se rendait ridicule avec son lexique de Cicéron en trois volumes. Luis Vivès, dans son livre *De l'instruction* (1532), déplore le manque de force et de vie des imitations entreprises dans un esprit de dépendance :

> Quamquam isti novi imitatores non iam animum orationis ad exprimendum contemplantur quam exteriorem verborum ac stili faciem. Sed neque ad hanc imitandam quivis est factus, nam eo, qui ad imitationem hanc caloris et virium non satis affert, nihil est frigidius. Iacet enim tota oratio, motu et vita caret. (Stackelberg, *Prosatexte*, p. 100)
>
> [Mais ces imitateurs récents visent moins à exprimer l'âme du discours qu'à reproduire l'apparence extérieure des mots et du style. Ce n'est pas à cette école qu'il faut espérer se former. Car à moins d'apporter à l'imitation assez de force et de chaleur, on verse dans une frigidité irrémissible. C'est un discours inerte et sans vie, qui tombe entièrement à plat. *JB*]

Pour les usagers des langues vernaculaires, Pétrarque aurait voulu, dans la mesure du possible, bannir intégralement l'"imitatio" (*Fam.* 21. 15 ; Gmelin, p. 126). En revanche, l'imitation à partir d'un modèle en langue étrangère (en latin, par exemple, pour un texte en italien), était permise parce que la pratique des Romains l'avait sanctionnée.[1] Du Bellay écrivait encore au seizième siècle :

> Et certes, comme ce n'est point chose vicieuse, mais grandement louable, emprunter d'une langue étrangère les sentences et les mots, et les approprier à la sienne : aussi est-ce chose grandement à reprendre, voire odieuse [...] voir en une même langue une telle imitation. (*Défense et illustration* 1. 8)

4. *Exemples de l'art humaniste de la citation.*

Les Humanistes n'indiquent nulle part dans leurs écrits qu'on devait, comme le recommendait Hermogène, éviter la citation textuelle en vers au profit de la paraphrase. Ils savaient pertinemment que la citation en vers était devenue, au contraire, déjà chez les Anciens, un procédé littéraire courant.[2] Le fait que Cicéron citait textuellement des vers comptait bien davantage pour eux que toutes les règles d'Hermogène. Pour un Boccace, on l'a vu, les vers cités en paraphrase ou en traduction n'avaient pas le même poids que les vers allégués dans la langue originale. Érasme n'acceptait même pas qu'en traduisant des vers grecs en latin on transposât les dactyles en iambes (plus haut, p. 53). La paraphrase et la traduction ne devaient donc pas remettre en cause la primauté de la citation textuelle.

Dans les lettres de Pétrarque les citations en vers servent plutôt à illustrer une idée qu'à la reprendre en sous-œuvre. Lorsqu'il cite les auteurs anciens, c'est souvent en homme de paille, dans le but de faire valoir ses propres arguments au détriment des leurs.

---

1 L'imitation homérique de Virgile, par exemple. Sur Pétrarque imitateur des Anciens, voir Gmelin, p. 127ss., 153ss.

2 Bruni note les nombreuses citations en vers chez Aristote, Platon, Cicéron, Sénèque, Augustin, Jérôme, et Boèce ("De studiis", p. 13-15). Voir aussi la réflexion d'Érasme sur Cicéron, plus haut, p. 52 et la remarque de Boccace, plus haut, p. 47-48.

Non me facio quem describit Iuvenalis :

[Je ne cherche pas à ressembler au poète que décrit Juvénal. *JB*]

Vatem egregium cui non sit publica vena,
Qui nihil expositum soleat deducere, nec qui
Vulgari feriat carmen triviale moneta,

[Juv. *Sat*. 7. 53]

[Mais le poète hors rang, celui dont la veine n'a rien de vulgaire, qui se refuse à tout développement banal, qui ne veut point frapper d'un coin trop connu un vers sans originalité]

nempe quem ipse scriberet, non monstrare sed cogitare se tantum posse fateretur ; non cum Horatio

[Le poète qu'il décrit, il le sait, n'a jamais existé que dans son imagination. Mais je ne dirais pas non plus avec Horace que *JB*]

Libera per vacuum posui vestigia princeps

[*Épîtres* 1. 19. 21]

[J'ai, avant tous les autres, porté de libres pas dans un domaine encore vacant.]

aut

Parios ego primus iambos
Ostendi Latio.

[*ibid*. 23-24]

[Le premier, j'ai fait connaître au Latium les ïambes de Paros.]

nec cum Lucretio

[ni, avec Lucrèce, que *JB*]

Avia Pyeridum peragro loca nullius ante
Trita solo

[1. 926]

[Je parcours les régions non frayées du domaine des Piérides, que nul encore n'a foulées du pied.]

nec cum Vergilio

[ni, avec Virgile, que *JB*]

Iuvat ire iugis qua nulla priorum
Castaliam molli devertitur orbita clivo.

[*Géorg*. 3. 292]

[J'aime à marcher par ces cimes, d'où avant moi nulle roue n'a laissé de trace sur la pente douce qui mène à Castalie.]

(*Fam*. 22. 2)

Le mode citationnel de Pétrarque fait souvent penser à celui d'un imitateur. Cependant, ses citations sont plutôt "référentielles" qu'"imitatives", comme dans les exemples qui suivent, où il cite des vers de Virgile en bloc, avant d'en répartir des éléments sur toute la page, en leur conférant par sucroît un sens métaphorique. Il réunit d'abord des passages de l'*Énéide* qui traitent des abeilles :

> De apibus autem apud eundem poetam legimus, quod eas
> [En parlant des abeilles, ce même poète dit que *JB*]
> aestate nova per florea rura
> Exercet sub sole labor [1. 430-431] ;
> [en l'été nouveau, par les campagnes en fleur, sous le soleil, le rude travail les met à la peine.]
> et iterum alio loco, quod illae
> [et encore, un peu plus loin, que celles-ci *JB*]
> in pratis aestate serena
> Floribus insidunt variis et candida circum
> Lilia funduntur : strepit omnis murmure campus. [6. 707-709]
> [dans les prairies (où les abeilles), au serein de l'été, se posent sur les fleurs diaprées, s'épandent autour des lis blancs, toute la plaine bourdonne d'un murmure.]

Ensuite il utilise les paroles de Virgile pour traduire ses propres pensées sur l'"imitatio" :

> Sed ne ab apibus ad colonos dilabatur oratio nunc potius, nunc in pratis et per rura multorum *floribus variis* insidamus ; perscrutemur doctorum hominum libros, ex quibus sententias florentissimas ac suavissimas eligentes, *candida circum lilia fundamur* ; [...] non tam plausus insane multitudinis quam veritas in silentio placebit ; erimusque tenui sono protulisse nobis ipsis interdum authenticarum scripturarum verba contenti, atque ita non fragore resonabit, *sed strepet omnis murmure campus.* (*Fam.* 1. 8)
>
> [Mais pour ne pas passer, en changeant de métaphore, des abeilles aux cultivateurs, arrêtons-nous plutôt maintenant dans les prés et au milieu des fleurs variées qui poussent dans les champs des autres. Examinons les livres des doctes, et *épandons-nous autour des lis blancs*, en y glanant les sentences les plus fleuries et les plus douces (...) il y aura plus de plaisir à goûter la vérité en silence que d'entendre les vils applaudissments de la foule ; et nous serons comblés si le son ténu des paroles que nous aurons tirées des livres les plus authentiques, parvient de temps à autre à nos oreilles. Et ainsi, en l'absence de tout bruit éclatant, *toute la plaine bourdonnera d'un murmure. JB*]

En général, Pétrarque signale ces appropriations sous forme de paraphrases, en indiquant ses sources, tout comme il fait pour les vers :

> Standum denique Senecae consilio [...] ut scribamus scilicet sicut apes mellificant.[1] (*Fam.* 23. 19. 13)
>
> [Nous devons enfin écouter Sénèque qui nous conseille d'écrire tout comme les abeilles font leur miel. *JB*]

Encore au seizième siècle, la paraphrase jouissait d'une grande popularité. Érasme montre de combien de façons différentes on peut varier la phrase "Rem universam luxu perdidit" [Il a tout perdu par ses excès. *JB*] :

> Eam sententiam in summa comprehensam, quasique convolutam hunc ad modum licebit evolvere. Si plurimas possessionum formas enumeremus, sique varias perdendae rei vias explicaverimus. Quicquid vel matris vel patris nomine hereditate obvenerat [...] Denique familiam etiam ipsam, foedissimis scortorum amoribus [...] alea, lusibus, paucis diebus ita absumpsit. (*De copia, Opera*, t. 1, col. 75BC)
>
> [Cette sentence, complète en elle-même et, pour ainsi dire, bien enveloppée, peut être développée de la manière suivante : en dénombrant les diverses sortes de possessions, et en détaillant les diverses manières de les perdre. Ce qu'il avait hérité du côté de sa mère ou de son père [...] Au bout du compte, il n'a pas tardé à ruiner ainsi toute sa famille par ses débauches avec les prostituées [...] ses pertes aux dés, au jeu. *JB*]

La paraphrase est tout aussi fréquente dans les littératures vernaculaires que dans les œuvres néo-latines. Leon Batitsta Alberti est si habile à glisser dans son traité *De la famille* ses paraphrases italiennes des textes anciens, que le plus souvent on ne saurait dire où la citation commence et où elle finit (Schalk, "Einleitung", p. 17). Sous sa plume, citation et contexte se fondent dans une unité indissoluble. On constate le même phénomène dans le *Courtisan* (1528) de Baldassare Castiglione (1528), qui reprend à son propre

1 [Voir Sénèque (84.3) : "Apes, ut aiunt, debemus imitari, quae vagantur et flores ad mel faciendum idoneos carpunt, deinde quicquid attulere disponunt ac per favos digerunt et, ut Vergilius noster ait, etc. " (Imitons, comme on dit, les abeilles qui volètent de-ci de-là, pillotant les fleurs propres à faire le miel, puis disposent, arrangent en rayons tout leur butin et, comme dit notre Virgile, etc.) *JB*]

compte la doctrine platonicienne de la vertu, sans se référer pour autant à Platon et en insistant, par dessus le marché, sur le fait qu'il s'agit là de ses propres réflexions (4. 11). Pour lui, les idées des Anciens sont une acquisition précieuse mais ordinaire, qu'il considère comme sa propriété spirituelle personnelle, au point de ne plus trouver nécessaire, le plus souvent, de reconnaître sa dette à leur égard.

CHAPITRE III

CITATION ET ART DE CITER DANS LES «ESSAIS» DE MONTAIGNE

1. *Montaigne et la citation*

Montaigne connut les théories anciennes de la citation surtout par les œuvres de Cicéron, de Sénèque, et de Quintilien. Il ne paraît pas avoir prêté attention aux écrits des autres autorités anciennes et humanistes sur la rhétorique et la poétique :

> Je demande en général les livres qui usent des sciences, non ceux qui les dressent. (2. 10. 414C).

Mais nous sommes assez mal renseignés sur cet aspect de la question. On ne sait pas non plus dans quelle mesure Montaigne connaissait les ouvrages humanistes, notamment le *Cicéronien* et l'*Éloge de la folie*, qui prennent nettement position sur la citation. Quoi qu'il en soit, c'est un fait qu'au temps de Montaigne bon nombre des idées de Pétrarque et des autres humanistes étaient déjà devenues des lieux-communs pour les gens instruits.[1] Mais c'est l'exemple même des auteurs anciens et humanistes, et non pas les théories des maîtres de l'art, qui joua le rôle déterminant dans le développement de la pratique citationnelle de Montaigne.

Les auteurs favoris de Montaigne, Plutarque et Sénèque, étaient particulièrement riches en citations, ainsi que les lettres de Cicéron et de Pline, les *Nuits attiques* d'Aulu-Gelle, les dialogues de Platon, et les nombreux recueils de *Leçons* publiés par ses propres contemporains. La citation était déjà devenue une des marques caractéristiques de ce que Peter Schon appelle les "Vorformen" des *Essais* : les formes primitives ou préliminaires des *Essais*, tant anciennes que modernes, qui se retrouvent dans le livre de

1 [Voir à ce sujet l'ouvrage de Dotti. *JB*]

Montaigne. Dans la France du seizième siècle, toutes les branches de la science étaient soumises à un goût de la citation de la part d'un public lettré, qui faisait remonter à l'Antiquité classique les idées mêmes d'instruction et de culture. Les auteurs modernes se servaient couramment de citations pour faire montre de leur savoir humaniste. Cet engouement s'est emparé des juristes avec une intensité particulière, fournissant à un Rabelais maintes occasions de tourner en ridicule le délire citationnel des gens de ce métier, qui entassaient les citations et les formules rigides leur servant d'encadrement.[1]

Dans leurs plaidoieries, les juristes ne se retenaient pas d'alléguer même les historiens et les poètes :

> Les citations fréquentes [...] furent introduites par le president de Thou. Pasquier, en parlant des avocats de ce temps, dit que "erubescebant sine lege loqui" ["ils avaient honte de parler sans citer une loi"] : ils citaient non seulement des textes de droit, mais aussi les historiens, les orateurs, les poètes, et la plupart de ces citations étaient souvent inutiles et déplacées. Les jurisconsultes du seizième siecle sont tombés dans le même excès par rapport aux citations ; leurs écrits en sont tellement chargés que l'on y perd de vue le fil du discours, et l'on y trouve beaucoup plus de citations que de raisonnement. (Diderot, "Citation")[2]

Dans les pages qui suivent il sera question de déterminer dans quelle mesure Montaigne adhérait à cette tendance de son époque, et comment il a fait pour s'en détacher.

Montaigne plaisante lorsqu'il tâche de se faire passer pour un lecteur superficiel. Son exemplaire des commentaires de Jules César, qui nous est parvenu rempli de notes marginales, montre assez comment, en lisant un auteur, il réfléchissait aux problèmes posés

---

1 Voir, par exemple, l'épisode de Maître Bridoye dans le *Tiers livre*, ch. 39-42.

2 Dans le passage suivant, Montaigne pensait peut-être à De Thou : "Un président se vantait, où j'étais, d'avoir amoncelé deux cents tant de lieux étrangers en un sien arrêt présidental (C) En le prêchant à chacun il me sembla effacer la gloire qu'on lui en donnait" (3. 12. 1056BC).

par sa langue, son style, et sa méthode de composition.[1] Les gloses autographes de Montaigne complètent, modifient, ou contredisent le texte imprimé. Pour tester la bonne foi de César, Montaigne consulte les biographies de Suétone et de Plutarque.

La lecture l'incite à la réflexion :

> Les livres m'ont servi non tant d'instruction que d'exercitation. (3. 12. 1039C).
>
> La lecture me sert spécialement à éveiller par divers objets mon discours, à embesogner mon jugement, non ma mémoire. (3. 5. 819C).

Elle le pousse à des prises de position progressivement plus critiques. La distinction de Malebranche entre la lecture profitable et son contraire s'applique aussi bien à l'auteur des *Essais* :

> Il y a deux différentes manières de lire les auteurs : l'une très-bonne, et très-utile, et l'autre fort inutile, et même dangereuse. Il est très-utile de lire, quand on médite ce qu'on lit : quand on tâche de trouver par quelque effort d'esprit la résolution des questions [...] Quand on arrange, et quand on confère les idées des choses les unes avec les autres : en un mot, quand on use de la raison. Au contraire, il est inutile de lire, quand on n'entend pas ce qu'on lit : mais il est dangereux de lire et de concevoir ce qu'on lit, quand on ne l'examine pas assez pour en bien juger, principalement si l'on a assez d'imprudence pour y consentir. La première éclaire l'esprit : elle le fortifie et elle en augmente l'étendue. La seconde en diminue l'étendue, et elle le rend peu à peu faible, obscur et confus. (p. 285)

Montaigne de même voit les côtés positifs et négatifs de la lecture. Vouloir exercer un jugement indépendant, c'est s'exposer à des dangers imminents

> [...] l'action de l'esprit, par trop d'étude et de matière, lequel, saisi et embarrassé d'une grande diversité de choses, perde le moyen de se démêler ; et que cette charge le tienne courbe et croupi. Mais il en va autrement : car notre âme s'élargit d'autant plus qu'elle se remplit. (1. 25. 134A)

---

1 Montaigne notait qu'il avait lu César et porté sur lui un jugement compréhensif entre le 15 février et le 21 juillet 1578 Ces notes marginales et d'autres similaires, sont reproduites dans les tomes 11 et 12 de l'édition Armaingaud.

Il se défend avec insistance contre le soupçon qu'il ait pu puiser ses idées dans les livres ; ce n'est que par la suite qu'il s'est tourné vers les auteurs anciens :

> Je n'ai aucunement étudié pour faire un livre [...] nullement pour former mes opinions ; oui pour les assister pieç'à formées, seconder et servir. (2. 18. 666C)

> Cette capacité de trier le vrai, quelle qu'elle soit en moi, et cette humeur libre de n'assujettir aisément ma créance, je la dois principalement à moi : car les plus fermes imaginations que j'ai, et générales, sont celles qui, par manière de dire, naquirent avec moi. Elles sont naturelles et toutes miennes. Je les produisis crues et simples, d'une production hardie et forte, mais un peu trouble et imparfaite ; depuis je les ai établies et fortifiées par l'autorité d'autrui, et par les sains discours des anciens, auxquels je me suis recontré conforme en jugement : ceux-là m'en ont assuré la prise et m'en ont donné la jouissance et possession plus entière. (2. 17. 658A)

Ces déclarations ne s'appliquent évidemment pas aux premiers essais, qui, eux, ressortent directement de la lecture. Mais même dans les essais de la dernière période, on ne saurait guère affirmer que la lecture n'ait pas servi de point de départ à telle idée, ni que celle-ci, sous sa forme définitive, n'ait trouvé dans la lecture qu'une confirmation ou une illustration postiche.[1] C'est dans l'acte même de la lecture, précisément, que la substance intellectuelle d'autrui fusionne d'emblée avec la sienne propre. Certes, une assimiliation de ce genre n'est possible que dans le cas d'un lecteur qui transplante ses glanes dans un champ fertile et bien défriché. S'agissant d'un auteur comme Montaigne, qui vit dans une parfaite symbiose avec les Anciens, il est difficile de dire la plupart du temps dans quelle direction vont les idées, de l'antiquité aux temps modernes ou en sens contraire.

Montaigne rejette énergiquement ce savoir superficiel, qui ne relève que de la seule mémoire :

---

1 Cela est important aussi pour la citation textuelle On voit clairement dans l'essai 2. 37 comment Montaigne allègue deux citations textuelles uniquement, comme il le dit lui-même, pour pouvoir en tirer deux histoires satiriques sur les médecins : "Sur quoi je veux faire deux contes" (778A).

> Qui suit un autre, il ne suit rien. (1. 26. 151C)
> Savoir par coeur n'est pas savoir. (*ibid.* 152C)
> [...] j'aime mieux forger mon âme que la meubler. (3. 3. 819C).

Il se sert de deux groupes de verbes pour distinguer entre le savoir assimilé et la science mémorielle : "digérer", "transformer", "faire sien", "incorporer", et "confondre", d'une part, s'opposent à "remplir la mémoire", "attacher à l'âme", et "meubler sa tête", de l'autre. Il ne suffit pas de reproduire machinalement comme un perroquet les opinions des Anciens :

> Nous savons dire : Cicéron dit ainsi ; voilà les moeurs de Platon ; ce sont les mots mêmes d'Aristote. Mais nous, que disons nous nous-mêmes ? que jugeons-nous ? que faisons-nous ? Autant en dirait bien un perroquet. (1. 25. 137A)

Montaigne est si profondément pénétré d'un auteur qu'il n'arrive plus finalement à distinguer ses idées des siennes propres.

> Je feuillette les livres, je ne les étudie pas : ce qui m'en demeure, c'est chose que je ne reconnais plus être d'autrui ; c'est cela seulement de quoi mon jugement a fait son profit, les discours et les imaginations de quoi il s'est imbu. L'auteur, le lieu, les mots et autres circonstances, je les oublie incontinent. (2. 17. 651A)

Toutes ses protestations nonobstant, Montaigne a vraiment une excellente mémoire et il se rappelle souvent avec exactitude ses sources et leur langage. Il faut comprendre ici qu'il n'a plus aucun besoin en principe d'y repenser.

Lorsque Montaigne se permet de reproduire l'idée d'un autre, c'est pour la mêler à sa propre réflexion ; enrichie ainsi de son apport personnel, elle s'en trouve radicalement renouvelée. Lorsqu'il cite, Montaigne parle en son propre nom ; il traite une idée comme sienne, même lorsqu'elle a déjà été énoncée par quelqu'un d'autre :

> La vérité et la raison sont communes à un chacun, et ne sont non plus à qui les a dites premièrement, qu'à qui les dit après. (1. 26. 152A)

Il ne se soucie pas de l'originalité ; le bien d'autrui est devenu le sien. Cette pensée matricielle, Montaigne n'hésite pas à l'exprimer au moyen d'une métaphore qu'il a trouvée toute faite chez Sénèque et Plutarque :[1]

> Les abeilles pillotent decà delà les fleurs, mais elles en font après le miel, qui est tout leur ; ce n'est plus thym ni marjolaine : ainsi les pièces empruntées d'autrui, il [l'élève que nous éduquons] les transformera et confondera, pour en faire un ouvrage tout sien : à savoir son jugement. Son institution, son travail et étude ne vise qu'à le former. (1. 26. 152A)[2]

Il taille si bien en pointe sa variante de cette pensée qu'il finit, en la citant, par se l'arroger en toute propriété. Cela ne le gêne pas du tout qu'on puisse douter, par l'usage qu'il en fait, qu'il a vraiment bien compris sa source :

> Au hasard que je laisse dire que c'est par faute d'avoir entendu leur naturel usage, je lui donne quelque particulière adresse de ma main à ce qu'ils en soient d'autant moins purement étrangers. (3. 12. 1056C)

Le mode citationnel d'un auteur est déterminé dans le fond par son attitude envers l'autorité. Toutes les fois que Montaigne se compare aux écrivains de l'antiquité, il ressent sa propre infériorité :

> Je suis si imbu de la grandeur de ces hommes-là [...] (2. 32. 723A)
>
> [...] les productions de ces riches et grandes âmes du temps passé sont bien loin au delà de l'extrême étendue de mon imagination et souhait. Leurs écrits ne me satisfont pas seulement et me remplissent ; mais ils m'étonnent et transissent d'admiration. (2. 17. 637A)
>
> [...] à me reconnaître au prix de ces gens-là, si faible et si chétif, si pesant et si endormi, je me fais pitié ou dédain à moi-même. (1. 26. 146A)

Mais son admiration connaît des limites. On ne doit adopter, sans vérification, aucune opinion simplement parce qu'elle provient d'un auteur ancien :

> Il n'est pas si sot de s'opposer à l'autorité de tant d'autres fameux jugements (C) anciens. (2. 10. 410AC)

---

1 Sénèque, 84. 3 ; Plutarque, *Comment il faut ouïr* 27AB.

2 Consulter l'étude de Stackelberg ("Bienengleichnis") sur l'image des abeilles dans la théorie de l'"imitatio" [Sur les sources sénéquiennes de ce motif et l'usage qu'en fait Pétrarque, voir plus haut, p. 63-64 ; voir aussi le commentaire de Tetel, p. 47-49. *JB*]

> Qu'il lui fasse tout passer par l'étamine et ne loge rien en sa tête par simple autorité et à credit ; les principes d'Aristote ne lui soient principes, non plus que ceux des Stoïciens ou Épicuriens. Qu'on lui propose cette diversité de jugements : il choisira s'il peut, sinon il en demeurera en doute. (1. 26. 151A)

Les Anciens se sont trop souvent trompés. En cas de doute, il faut toujours préférer la vérité à la tradition :

> [...] car la verité ne se juge point par autorité et témoinage d'autrui. (2. 12. 507A).

Certes, Montaigne est bien conscient de la portée universelle de la "citation" ; toutes les connaissances humaines sont fondées sur elle :

> Nos opinions s'entent les unes sur les autres. La première sert de tige à la seconde, la seconde à la tierce. Nous échelons ainsi de degré en degré. (3. 13. 1069C).

Beaucoup d'auteurs, parmi ses contemporains, tâchent d'impressionner leurs lecteurs par le poids, le nombre, et l'autorité de leurs citations. Montaigne ne recherche pas les applaudissements d'un public féru d'autorité ; il vise plutôt un public cultivé auquel le bluff de l'érudition ne saura justement pas en imposer :

> [...] ils cherchent à se présenter par une valeur étrangère, et puis, grande sottise, se contentant par piperie de s'acquérir l'ignorante approbation du vulgaire, se décrier envers les gens d'entendement qui hochent du nez notre incrustation empruntée, desquels seuls la louange a du poids. (1. 26. 148C)

L'ambition de briller dans la conversation par des ornements superficiels et des connaissances empruntées provient du désir de se faire valoir. Cela ne sert à rien :

> [la science] passe de main en main, pour cette seule fin d'en faire parade, d'en entretenir autrui, et d'en faire des contes, comme une vaine monnaie, inutile à tout autre usage et emploite qu'à compter et jeter. (1. 25. 136-137A)
>
> *Licet sapere sine pompa, sine invidia.* (1. 26. 154C ; Sénèque 103. 5) [On peut être sage sans ostentation, sans arrogance].

Dans son propre livre, Montaigne n'a nullement envie de faire parade de ses citations multipliées au maximum :

> Je ne conte pas mes emprunts, je les pèse. Et si les eusse voulu faire valoir par nombre, je m'en fusse chargé deux fois autant. (2. 10. 408C)

Il se désigne comme un "naturaliste", partisan d'un style simple, ennemi de la prétention, ancré dans le réel. Tout en faisant son gibier, comme un autre, des citations, il revendique, quant à lui, l'honneur "de l'invention" et non pas celui "de l'allégation" :

> Parmi tant d'emprunts je suis bien aise d'en pouvoir dérober quelqu'un, le déguisant et difformant à nouveau service [...] Ceux-ci mettent leurs larcins en parade et en compte : aussi ont-ils plus de crédit aux lois que moi. Nous autres naturalistes estimons qu'il y ait grande et incomparable préférence de l'honneur de l'invention à l'honneur de l'allégation. (3. 12. 1056C)

Qui veut renforcer sa propre parole au moyen de la citation doit exercer une grande discrimination :

> Qu'on voie, en ce que j'emprunte, si j'ai su choisir de quoi rehausser mon propos. (2. 10. 408C)

Les "écrivains ineptes et inutiles" (3. 9. 946B) peuvent se faire eux-mêmes une provision de citations, ou bien s'en remettre aux autres pour leur en fournir un choix. La plupart des livres contemporains contiennent tant de citations qu'un chacun peut aisément y trouver sur le champ tout ce qu'il lui faut. La présélection a déjà été opérée par d'autres, il n'est plus besoin d'aucune culture littéraire personnelle. Le seul fait de citer Homère ou Platon ne laisse nullement présupposer qu'on ait lu les œuvres de ces auteurs :

> (B) Tel allègue Platon et Homère, qui ne les vit onc [...] (C) J'ai vu faire des livres de choses ni jamais étudiées ni entendues, l'auteur commettant à divers de ses amis savants la recherche de cette-ci et de cette autre matière à le bâtir, se contentant pour sa part d'en avoir projeté le dessein et empilé par son industrie ce fagot de provisions inconnues ; au moins est sien l'encre et le papier. (3. 12. 1056BC)

Moyennant un curieux mélange d'humour, d'ironie, et de modestie, l'auteur des *Essais* ne se met pas lui-même à l'abri de sa propre critique :

> Et moi ai pris des lieux assez ailleurs qu'en leur source. Sans peine et sans suffisance, ayant mille volumes autour de moi en ce lieu où j'écris [...] Il ne faut que l'épître liminaire d'un allemand pour me farcir d'allégations ; et nous allons quêter par là une friande gloire, à piper le sot monde. (3. 12. 1056B)
>
> Je m'en vais, écorniflant par ci par là des livres les sentences qui me plaisent, non pour les garder, car je n'ai point de gardoires, mais pour les transporter en cettui-ci où, à vrai dire, elles ne sont non plus miennes qu'en leur première place. (1. 25. 136C)

Ces aveux de la part de Montaigne ne sont pas entièrement déplacés. Pendant sa première période, entre 1572 et 1574 selon Villey (*Sources*, t. 2, p. 7ss.), il furetait pas mal dans les livres d'autrui à la recherche de matériaux propres à être transcrits dans les *Essais* :

> Quoi, si je prête un peu plus attentivement l'oreille aux livres, depuis que je guette si j'en pourrai friponner quelque chose de quoi émailler ou étayer le mien ? (2. 18. 665-666C)

Si les citations de ce genre n'ont pas toujours été assimilées au bien intellectuel de Montaigne proprement dit, il se révèle par la suite, cependant, comme un critique littéraire de tout premier ordre, qui surpasse les compilateurs contemporains dans le choix comme dans l'emploi du matériel de seconde main.[1]

On aurait tort d'envisager les *Essais* comme un bouquet de fleurs étrangères, ramassées à la hâte et mal ficelées ensemble. La fonction des citations n'est ni de dissimuler ni de compenser une pénurie intellectuelle de la part de Montaigne. Loin de là :

> Comme quelqu'un pourrait dire de moi que j'ai seulement fait ici un amas de fleurs étrangères, n'y ayant fourni du mien que le filet à les lier. Certes j'ai donné à l'opinion publique que ces parements empruntés m'accompagnent. Mais je n'entends pas qu'ils me couvrent, et qu'ils me cachent : c'est le rebours de mon dessein, qui ne veux faire montre que

---

1 Comme, par exemple, dans les essais 2.10 et 3. 5.

> du mien, et de ce qui est mien par nature ; et si je m'en fusse cru à tout hasard, j'eusse parlé tout fin seul. (3. 12. 1055B)

Montaigne a recours à la citation seulement pour donner expression à ces idées qu'il ne se sent pas capable de mieux formuler que ses prédécesseurs.

> Car je fais dire aux autres ce que je ne puis si bien dire, tantôt par faiblesse de mon langage, tantôt par faiblesse de mon sens. (2. 10. 408C)

Pour juger correctement d'un auteur, il s'agit de savoir si ses idées sont vraiment de lui, ou bien si elles ont été tout simplement transplantées, sans aucun approfondissement de sa part, d'une autre œuvre dans la sienne. C'est trop souvent le cas qu'on est trompé par les apparences, et qu'une belle pensée ou une formule percutante n'appartient pas à un auteur en propre :

> La plupart des lecteurs pour avoir trouvé une pareille robe, pensent très faussement tenir un pareil corps. La force et les nerfs ne s'empruntent point ; les atours et le manteau s'emprunte [*sic*]. (1. 26. 172C)

> La science et la verité peuvent loger chez nous sans jugement. (2. 10. 409A)

> La plupart des hommes sont riches d'une suffisance étrangère. Il peut advenir à tel de dire un beau trait, une bonne réponse et sentence, et la mettre en avant sans en connaître sa force. (C) Qu'on ne tient pas tout ce qu'on emprunte, à l'aventure se pourra-t-il vérifier par moi-même. (B) Il n'y faut point toujours céder, quelque verité ou beauté qu'elle ait. (3. 8. 936BC)

Une citation remarquable peut aussi se fourvoyer par hasard et sans profit dans l'ouvrage d'un incompétent. Mais dans un tel cas, évidemment, c'est le citateur qui, sans s'en douter, se nuit à lui-même. Car l'écart est trop grand entre son pitoyable griffonnage et l'art de son modèle :

> Car cette infinie dissemblance de lustres rend un visage si pâle, si terni et si laid à ce qui est leur, qu'ils y perdent beaucoup plus qu'ils n'y gagnent [...] Il m'advint l'autre jour de tomber sur un tel passage. J'avais traîné languissant après des paroles françaises, si exsangues, si décharnées et si vides de matière et de sens, que ce n'étaient voirement que paroles françaises : au bout d'un long et ennuyeux chemin, je vins à rencontrer une pièce haute, riche et élevée jusques aux nues [...] : c'était

> un précipice si droit et si coupé que [...] je m'envolais en l'autre monde. De là je découvris la fondrière d'où je venais, si basse et si profonde que je n'eus onc plus le coeur de m'y ravaler. (1. 26. 147A)

Il ne suffit pas de reconnaître la citation ; il faut aussi considérer la justesse de sa mise en œuvre :

> Le sujet, selon qu'il est, peut faire trouver un homme savant et mémorieux ; mais pour juger en lui les parties plus siennes et plus dignes, la force et la beauté de son âme, il faut savoir ce qui est sien et ce qui ne l'est point, et en ce qui n'est pas sien combien on lui doit en considération du choix, disposition, ornement et langage qu'il y a fourni. (3. 8. 940B)

Une citation mal présentée perd la force expressive qu'elle avait dans son contexte originaire, sans enregistrer, pour autant, aucun gain de signification :

> Ceux-ci [...] mettent en avant des choses qui, d'elles-mêmes et en leur lieu, seraient bonnes. (2. 17. 659A)
>
> [...] il a emprunté la matière et empiré la forme, comme il advient souvent. (3. 8. 940B)

Une citation mal choisie n'entretient aucune relation avec son nouveau contexte, et pourrait être remplacée par n'importe quelle autre :

> Les savants choppent volontiers à cette pierre [...] et allèguent Platon et saint Thomas aux choses auxquelles le premier rencontré servirait aussi bien de témoin. (3. 3. 822B)

Les fautes flagrantes de ce genre ont pour effet d'exposer l'opportunisme des auteurs. La gloire qu'ils recherchent en vain pour eux-mêmes retombe sur ceux à qui ils croient pouvoir, sans habileté aucune, arracher des citations :

> [...] ils s'en servent sans discrétion, faisant honneur à leur mémoire aux dépens de leur entendement : ils font honneur à Cicéron, à Galien, à Ulpien et à saint Jérôme, et eux se rendent ridicules. (2. 17. 659A)

La citation est un moyen d'expression hasardeux. Qui ne cite que pour reproduire du déjà dit ne saurait rien découvrir de nouveau ; sa pensée reste stérile :

> Ce n'est rien que faiblesse particulière qui nous fait contenter de ce que d'autres ou que nous-mêmes avons trouvé en cette chasse de connaissance ; un plus habile ne s'en contentera pas. Il y a toujours place pour un suivant, (C) oui et pour nous-mêmes, (B) et route par ailleurs. Il n'y a point de fin en nos inquisitions ; notre fin est en l'autre monde. (3. 13. 1068BC)

Les plus grands dangers menacent celui qui devient le prisonnier de ses citations ; elles peuvent le détourner de lui-même, ensevelir sa "forme maîtresse" (3. 2. 811B), et l'empêcher de développer ses propres talents et de se connaître lui-même :

> Si les [âmes] bien-nées me croient, elles se contenteront de faire valoir leurs propres et naturelles richesses. Elles cachent et couvrent leurs beautés sous des beautés étrangères. C'est grande simplesse d'étouffer sa clarté pour luire d'une lumière empruntée ; elles sont enterrées et ensevelies sous l'art. (C) *De capsula totae.*[1] C'est qu'elles ne se connaissent point assez : le monde n'a rien de plus beau ; c'est à elles d'honorer les arts et de farder le fard. (3. 3. 822BC)

2. *Les sources des citations*

Montaigne allègue 12 citations en vers de 6 poètes français modernes, 20 citations en vers de 4 poètes italiens, 8 citations en vers de 5 auteurs grecs dans leur langue originale (plus 6 citations de poètes grecs glanées dans le Plutarque d'Amyot), 6 citations en vers de 4 poètes néo-latins, 815 citations en vers latins de 34 anciens poètes romains et 288 citations en prose latine de 18 prosateurs anciens. Au total, les *Essais* contiennent 860 citations en vers et 394 citations en prose dans leur langue d'origine.[2]

---

1 [Citation abrégée de Sénèque : "Tu connais nos petits-maîtres, à barbe et à chevelure reluisantes, tout d'une pièce tirés de leur boîte (*barba et coma nitidos, de capsula totos*)" (115.2). *JB*].

2 Pour le dénombrement des citations en prose, je m'en remets à Villey (*Sources*) et au tome 4 de l'édition municipale, et pour les citations en vers aux appendices du livre de Gracey. La paternité d'un certain nombre de textes reste toujours inconnue (6 citations en vers latins, 1 en italien, 5 en français, plus 6 citations en prose latine). Les citations en vers traduites de grec en français, ainsi que la citation de Properce traduite de latin en italien (voir plus bas, p. 81, n'ont pas été prises ici en ligne de compte.

En principe, eu égard à la citation, Montaigne met les auteurs anciens et modernes sur un pied d'égalité :

> [...] j'allègue aussi volontiers un mien ami que Aulu-Gelle et que Macrobe, et ce que j'ai vu que ce qu'ils ont écrit [...] Je dis souvent que c'est pure sottise qui nous fait courir après les exemples étrangers et scolastiques. Leur fertilité est pareille à cette heure à celle du temps d'Homère et de Platon. (3. 13. 1081B)

Cependant, les statistiques indiquent une claire préférence pour les poètes latins. En comparaison aux auteurs favoris de Montaigne – "en la poésie Virgile, Lucrèce, Catulle et Horace tiennent de bien loin le premier rang" (2. 10. 410A) – les poètes italiens jouent un rôle nettement subalterne :

	Ovide	Virgile	Lucrèce	Catulle	Horace
1580	28	50	5	82	27
1582	1	3	1	1	–
1588	87	95	21	64	39
1595	1	1	1	3	5
	117	149	28	150	71

	L'Arioste	Dante	Pétrarque	Le Tasse	inconnu
1580	5	–	3	4	–
1582	–	2	2	–	–
1588	–	–	–	3	1
1595	–	–	–	–	–
	5	2	5	7	1

Une datation précise de toutes les citations en vers n'est pas possible. La plupart ont été introduites entre 1580 et 1588 ; par la suite, leur nombre n'augmente que modestement. Ce n'est pas dire qu'au fil des années Montaigne lisait moins assidûment les écrits des Anciens ; jusqu'à la fin de ses jours, il vivait penché sur Virgile, Plutarque, et Sénèque. C'est plutôt qu'il devenait progressivement plus conscient des possibilités pratiques de la citation en prose latine. Cicéron, Sénèque, et Tite-Live sont ses prosateurs favoris.[1]

Il est difficile d'établir avec précision le nombre de prosateurs latins évoqués, dans les *Essais*, en paraphrases françaises. Dans les essais de la première période, qui sont constitués en majeure partie par des sentences glanées dans des lettres éparses de Sénèque, comment donc démarquer les unes des autres les citations individuelles ?[2] Les paraphrases de ce genre finiront par devenir plus rares, mais elles ne disparaîtront jamais entièrement.

Pour Montaigne, le latin fut un "langage" à la fois "maternel" (2. 17. 639A) et "naturel" (3. 2. 810B). Il pouvait penser, sentir, et faire des associations de mots et d'idées dans cette langue. Quant à ses connaissances de l'italien, elles étaient suffisantes, surtout après son voyage en Italie, pour lui permettre de le lire couramment. Des 250 livres de Montaigne découverts par Villey, 140 (=56%) portent des titres latins et 35 (=14%) des titres italiens. Le restant (=30%) se partage entre le français et les autres langues.

Pour lire les livres espagnols Montaigne dépendait des traductions. Il connaissait mal le grec et lisait Homère dans une traduction. Les citations grecques dans les *Essais*, accompagnées sans exception d'une traduction française, lui ont été fournies par des intermédiaires anciens et modernes.

Comme tout grand lecteur, Montaigne tient une bonne partie de ses connaissances de seconde main. Il connaît Pyrrhon d'Élide par l'intermédiaire de Cornelius Agrippa von Nettesheim, Épicure par le dixième livre de Diogène Laerce et les références de Cicéron,

1 Qui lui fournirent 193, 89, et 39 citations, respectivement ; on en compte 19 d'Augustin, 11 de Quintilien, 8 de Tacite, et de douze autres auteurs un maximum de 8 citations chacun

2 Voir, par exemple, les essais 1.14, 20, 22, 24, 39, 42 ; 2. 1, 3, 10, 15, 31 et 32. Les dénombrements des "emprunts" opérés par Villey sont sujets à caution. Parmi les "emprunts", il faut inclure aussi (mais non pas exclusivement) les exemples, fournis par les Anciens, lesquels n'ont pas encore été pris en ligne de compte.

Sénèque, et Plutarque. Il emprunte dix-huit citations en vers, presque exclusivement anciennes, à vingt-neuf intermédiaires pour la plupart modernes. Il arrive donc à Montaigne de citer un même auteur à travers un intermédiaire aussi bien que dans l'original. Les vers de Properce :

> Navita de ventis, de tauris narrat arator
> Enumerat miles vulnera, pastor oves. (2. 1. 43)

sont cités en italien dans *La civile conversazione* (1581) de Stefano Guazzo, d'où Montaigne les transcrit en 1582 dans l'essai 1. 17 :

> Basti al nocchiero ragionar de'venti,
> Al bifolco del tori, e le sue piaghe
> Conti'l guerrier, conti'il pastor gli armenti.
> [Que le nocher se borne à parler des vents, le laboureur des taureaux, le guerrier de ses blessures, le berger des troupeaux.][1]

Pourtant, la majorité des citations de Montaigne sont puisées directement à la source.

Il n'est pas toujours facile de décider si les citations altérées ont été l'objet d'une transformation délibérée ou si elles sont dues à une faute de mémoire. Les citations inexactes de Montaigne "indiquent que ses auteurs favoris sont devenus peu à peu la chair de sa chair. Le fait de citer faux est avant tout un signe certain de culture" (Hensel, p. 92). Les inexactitudes dans les exemples suivants ne sont sans doute pas intentionnelles ; elles n'ont guère été ressenties par Montaigne comme des erreurs :

> Diriguisse malis
> [avoir été pétrifiée par la douleur]

au lieu de

> diriguitque malis
> [elle fut pétrifiée par la douleur]
> [Ovide, *Mét.* 6. 304]

1 [Voir Tetel, p. 21-22. *JB*]

(1. 2. 12A)[1]

Tantum doluerunt, dit saint Augustin, *quantum doloribus se inseruerunt.* (1. 14. 58A)

[Ils ont souffert dans la mesure où ils se sont livrés à la douleur]

au lieu de

Quantum se doloribus inseruerunt, tantum doluerunt. (*Cité de Dieu* 1. 10)

Tales sunt hominum mentes, quali pater ipse
Juppiter auctifera lustravit lampade terras.
(2. 12. 564A)

[Les pensées des hommes changent avec les rayons fécondants du soleil que Jupiter leur envoie]

au lieu de

[...] auctifero [...] lumine.
(Homère, *Odyssée* 18. 136)[2]

Nae iste magno conatu magnas nugas dixerit. (3. 1. 790B)

[Bien sûr que cet homme va se donner une grande peine pour me dire de grandes niaiseries]

au lieu de

Nae iste Hercle magno iam conatu magnas nugas dixerit.
(Térence, *Heaut.* 4. 1. 621)

[Voilà quelqu'un, par Hercule, qui va se donner grand'peine pour dire grandes sottises]

Hoc sermone pavent, hoc iram, gaudia, curas,
Hoc cuncta effundunt animi secreta ; quid ultra ?
Concumbunt docte ; (3. 3. 822B)

[Voilà le style dans lequel elles expriment leur crainte, celui de leur colère, celui dans lequel elles étalent leurs joies, leurs peines, et tous les secrets de leur âme, que dirais-je encore ? elles font l'amour doctement][3]

---

1 [Les procédés citationnels de Montaigne dans cet essai ont suscité plusieurs commentaires ces dernières années ; voir, entre autres, les discussions de Brousseau-Beuermann, p. 206-208, Defaux, et McKinley, p. 17-18. *JB*]

2 [Traduit par Cicéron et rapporté par Augustin, *Cité de Dieu* 5.28. Cette citation est apparemment la seule à être alléguée deux fois dans les *Essais*. Voir 2. 1. 333A. *JB*]

3 [Je corrige ici : dans les notes de l'édition Villey-Saulnier, le "concumbunt docte" de Juvénal/Montaigne est rendu par l'euphémisme "elles se pâment doctement". *JB*]

au lieu de

> [...] concumbunt graece.
> (Juvénal 6. 189)
> [c'est en grec qu'elles font l'amour!]

Les déclarations de Montaigne sur ses sources sont contradictoires. Il prétend avoir pris la plupart de ses citations à des auteurs si connus qu'il est superflu de préciser leur origine :

> Ils sont tous, ou fort peu s'en faut, de noms si fameux et anciens qu'ils me semblent se nommer assez sans moi. (2. 10. 408C)
>
> [...] et si ne les ai mendiés qu'ès portes connues et fameuses. (2. 17. 651B)

Mais il finit par s'avouer incapable de se rappeler lui-même toutes ses sources :

> Qui voudrait savoir d'où sont les vers et exemples que j'ai ici entassés, me mettrait en peine de le lui dire. (*ibid.*)

Pour expliquer son silence sur la provenance de ses emprunts, Montaigne donne une raison moitié sérieuse moitié plaisante : c'est pour tendre un piège au lecteur qui risquerait de se livrer à un jugement hâtif. En critiquant Montaigne, ce lecteur pourrait, sans s'en douter, porter atteinte, par personne interposée, à des autorités comme Aristote, Cicéron, ou Plutarque :

> Es raisons et inventions que je transplante en mon solage et confonds aux miennes, j'ai escient omis parfois d'en marquer l'auteur, pour tenir en bride la témerité de ces sentences hâtives qui se jettent sur toute sorte d'écrits, notamment jeunes écrits d'hommes encore vivants, et en vulgaire [...] Je veux qu'ils donnent une nasarde à Plutarque sur mon nez, et qu'ils s'échaudent à injurier Sénèque en moi. (2. 10. 408C)

Dans la pratique, Montaigne indique assez volontiers ses sources. Mais s'il en a oublié quelques-unes au cours des années, cela n'est pas à prendre au tragique. Les corrections autographes de Montaigne sur l'exemplaire de Bordeaux montrent qu'il lui arrivait souvent aussi d'ajouter ou de supprimer des références après coup pour des raisons strictement stylistiques.[1]

Pour "citation" et "citer", Montaigne emploie les mots "emprunts"/"emprunter" et "allégations"/"alléguer", les substantifs apparaissant le plus souvent au pluriel. Le mot "emprunt", sous la plume de Montaigne, recouvre les appropriations de toutes les sortes : exemples, anecdotes, lieux-communs, apophtegmes, ou citations textuelles ; celui d'"allégation", par contre, se limite en général à la citation textuelle ou la paraphrase exacte d'une pensée. Ce qui fait que parfois les contenus sémantiques d'"emprunt" et d'"allégation" se recoupent. Montaigne dit qu'il "emprunte" une "pièce" ou une "matière", mais qu'il "allègue" Homère, Platon, saint Thomas. Les termes *citation* et *citer* ne sont pas encore employés par Montaigne.[2]

3. *La pratique citationnelle de Montaigne et les usages de son temps*

La mise en garde contre la citation textuelle comme moyen d'apprentissage littéraire au sein d'une même langue, était depuis toujours un lieu-commun de la théorie de l'"Imitatio". Dans la

---

1 La culture littéraire de Montaigne était si vaste, qu'on n'a pas encore pu identifier les citations suivantes :

> *Nimirum propter continentiam incontinentia necessaria est ; incendium ignibus extinguitur*
> [C'est que l'incontinence est nécessaire à la continence, que l'incendie s'éteint au moyen du feu] (3. 5. 858C)
>
> *Sensus, ô superi, sensus!*
> [Les sens! ô dieux! Les sens!] (3. 9. 954B)
>
> *Neque extra necessitates belli praecipuum odium gero.*
> [Et, hors les nécessités de la guerre, je ne nourris aucune haine capitale] (3. 10. 1012C)
>
> *Maiorem fidem homines adhibent iis quae non intelligunt.*
> [Les hommes ajoutent plus de foi à ce qu'ils n'entendent point] (3. 11. 1031B)

2 *Citation* et *citer* sont passés en français par l'intermédiaire du latin des savants. *Citare* et *citatio* sont fréquents chez Juste-Lipse, par exemple ; voir les "Indices" de ses œuvres. Voir aussi le *Thesaurus linguae latinae*, sous *allego* et *cito*, et Giustiniani, p. 105ss.

pratique, cependant, on ne s'interdisait pas encore, même au seizième siècle, de copier ou de paraphraser de très près un auteur favori.[1] L'imitation à partir d'une langue étrangère – l'italien ou le latin, par exemple – passait au seizième siècle et encore au dix-septième pour une forme d'émulation légitime. Il y a chez Montaigne, surtout dans les premiers essais, de nombreux exemples des deux formes de l'"Imitatio". Pour ce qui est de la littéraure vernaculaire, on trouve dans les *Essais* des échos de Gilles Corrozet, La Primaudaye, et Crinitus, aussi bien que des traces de l'*Apologie pour Hérodote* d'Henri Estienne.[2] Mais Montaigne fréquente surtout à cette époque le Plutarque d'Amyot. Dans cette traduction française d'un auteur grec, les deux formes de l'"Imitatio" coïncident :[3]

> Il ne faut pas oublier ce que Plutarque dit avoir vu à Rome d'un chien, avec l'Empereur Vespasien le père, au Théâtre de Marcellus. *Ce chien servait à un bateleur qui jouait une fiction à plusieurs mines et à plusieurs personnages, et y avait son rôle.* Il fallait entre autres choses qu'il contrefît pour un temps le mort pour avoir mangé de certaine drogue, *il commença tantôt à trembler et branler comme s'il eût été* étourdi ; finalement, s'étendant et se raidissant, comme mort, *il se laissa tirer et traîner d'un lieu à autre, ainsi que portait le sujet du jeu ; et puis, quand il connut qu'il était temps, il commença premièrement à se remuer tout bellement, ainsi que s'il fût revenu d'un profond sommeil, et, levant la tête, regarda ça et là* d'une façon qui étonnait tous les assistants. (2. 12. 464A)
>
> *Ce chien servait à un bâteleur qui jouait une fiction à plusieurs mines et plusieurs personnages*, et y représentait le chien plusieurs choses, convenable à la matiere sujette, mêmement l'épreuve que l'on faisait sur

1 Voir, par exemple, l'imitation de Montaigne dans *Le Mépris de la vie et consolation contre la mort* (1594) de Chassignet : "Toutefois considérant en moi-même que le cerveau de l'homme est un sujet merveilleusement ondoyant, et divers, sur lequel ne se peut fonder aucun jugement constant, et uniforme, se perdant aisément s'il n'a quelque but établi, pour être un corps vain, n'ayant par où être saisi, et asséné" ("Préface") Voir aussi l'article de Richter.

2 Villey, *Sources* t. 2, p. 38ss., 192ss. ; Friedrich, p. 67, 124.

3 L'exagération tardive de Montaigne, en parlant des services rendus par Plutarque et Sénèque à son livre "maçonné purement de leurs dépouilles" (2.32. 721C), ne saurait même pas être appliquée à tous les essais de la première période.

> lui d'une drogue ou d'une médecine qui avait force de faire dormir, mais que l'on supposait avoir force de faire mourir, il prit le pain où la drogue était mêlée, et peu d'espace après l'avoir avalé, *il commence, ce semblait à trembler, à branler comme s'il eût été mort, il se laissa tirer et traîner d'un lieu à autre, ainsi que portait le sujet* de la farce : puis quand il connut à ce que se faisait et disait, qu'il était temps, alors il *commença premièrement à se remuer tout bellement, comme s'il fût revenu d'un profond sommeil, et levant la tête regarda ça et là* : dont chacun des assistants fut fort ébahi : et puis se levant du tout, s'en alla devers celui qu'il fallait qu'il le reçût et le caressa, et l'*Empereur même (car Vespasien* le père était en personne dedans *le Théâtre de Marcellus)* en demeurèrent tous réjouis. (Plutarque, t. 2, p. 516BC)

Même en suivant de si près le texte de Plutarque, le traducteur de la *Theologia naturalis* de Raimond Sebond ne se contente clairement pas de faire une simple copie. Il renchérit sur le côté pittoresque de la scène, en ajoutant le détail : "s'étendant et se raidissant comme mort" ; il resserre et simplifie à l'extrême la fin plutôt prolixe de cette anecdote dans la version de Plutarque.

Dans la pratique ancienne de l'"Imitatio", il n'était pas de règle de nommer l'auteur qu'on prenait pour modèle. On tenait pour acquis que les poètes latins dussent imiter Virgile. Mais même dans la prose, on révélait au moyen d'un certain nombre de citations "imitatives" l'identité de l'auteur-modèle, qu'il n'était plus besoin de nommer. Montaigne, de même, ne se sentait nullement astreint à citer ses sources lorsqu'il imitait un autre auteur. Au contraire, ayant rapporté des extraits de l'*Apologie pour Hérodote*, il ne pensera plus devoir se réclamer d'Henri Estienne. La vieille idée de rivaliser avec son modèle était vraiment loin de sa pensée. Si Montaigne trouve dans un livre un passage qui lui plaît, qu'il peut, sans y toucher, incorporer à son œuvre, pourquoi donc se donner le mal de le transformer ? L'appropriation de phrases entières, quoique mal vue, n'était pas considérée pour autant comme le vol d'un bien spirituel. L'emprunt d'expressions particulières, en revanche, à en juger par l'exemple de Chassignet (plus haut, p. 85, note 1), était une pratique tout à fait courante, qui n'était d'ailleurs condamnée par aucune théorie.

Il est frappant que, de tous les auteurs de langue française copiés mot pour mot par Montaigne, seul le Plutarque d'Amyot, comme dans l'exemple cité ci-dessus, soit indiqué expressément comme source ("Il ne faut pas oublier ce que Plutarque dit avoir vu à Rome, etc."). Ce n'est pas comme s'il devait se protéger au préalable contre une accusation de plagiat. C'est plutôt, selon toute apparence, qu'une franche admiration pour son cher Plutarque le poussait fortement à le remercier de lui avoir fourni tel ou tel bel exemple. Ici, certes, citation "référentielle" et citation "imitative" se fondent l'une dans l'autre. Dans cet exemple, le procédé citationnel de Montaigne est si vague, si décousu, et si nettement exploiteur par endroits, qu'il faudrait plutôt parler d'une "Imitatio".

Montaigne fait preuve d'une plus grande indépendance dans l'usage qu'il fait de Sénèque. Avec grand soin, il organise sa lecture collective des pensées éparses du philosophe stoïcien sur la mort dans une nouvelle structure signifiante :

> Pourquoi crains-tu ton dernier jour ? Il ne confère non plus à ta mort que chacun des autres. Le dernier ne fait pas la lassitude ; il la déclare. Tous les jours vont à la mort, le dernier y arrive. (1. 20. 96C)
>
> Erramus autem qui ultimum tenemus diem cum tandumdem in mortem singuli conferant. Non ille gradus lassitudinem facit in quo deficimus, sed ille profitetur. Ad mortem dies extremus pervenit, accedit omnis. (Sénèque 120. 18)
>
> [Et nous nous fourvoyons quand nous ne redoutons que le jour suprême, alors que chaque jour apporte une égale contribution à la mort. Le pas où l'on succombe ne cause point l'épuisement ; il le déclare. Le dernier jour aboutit à la mort ; chaque jour s'y acheminait]
>
> Je crois à la verité que ce sont ces mines et appareils effroyables, de quoi nous l'entournons, qui nous font plus de peur qu'elle. (1. 20. 96A)
>
> Illud autem ante omnia memento, demere rebus tumultum ac videre quid in quaque re sit : scies nihil esse in istis terribile nisi ipsum timorem. (24. 12)
>
> [Mais avant tout souviens-toi de faire abstraction du fracas dont les choses s'environnent, de bien voir ce qu'il y a au fond de chaque chose : tu reconnaîtras qu'il ne se trouve là-dedans rien de terrible que la peur]
>
> Les enfants ont peur de leurs amis mêmes quand ils les voient masqués, aussi avons-nous. Il faut ôter le masque aussi bien des choses, que des

> personnes : ôté qu'il sera, nous ne trouverons au-dessous que cette même mort, qu'un valet ou simple chambrière passèrent dernièrement sans peur. (1. 20. 96A)
>
> Quod vides accidere pueris, hoc nobis quoque maiusculis pueris evenit : illi quos amant, quibus adsueverunt, cum quibus ludunt, si personatos vident, expavescunt : non hominibus tantum, sed rebus persona demenda est et reddenda facies sua [...] Tolle istam pompam, sub qua lates et stultos territas : mors es, quam nuper servus meus, quam ancilla contempsit. (24. 13-14)
>
> [Ce que tu vois arriver aux enfants, nous l'éprouvons, nous autres, grands enfants que nous sommes. Les personnes qu'ils aiment, auxquelles ils sont habitués, avec lesquelles ils jouent, si elles se présentent avec un masque, les font trembler de peur. Ce n'est pas seulement aux hommes, c'est aux choses qu'il faut ôter le masque, les obligeant à reprendre leur vrai visage. [...] Rejette cet attirail qui te cache et qui ne terrifie que les sots. Tu es la mort, que naguère mon esclave, qu'une servante bravait]

Par de tels emprunts compréhensifs, Montaigne se plaisait, dans sa première période, à la poursuite d'une "imitatio".[1] Il voulait être comme Plutarque et Sénèque, ou, par la citation textuelle, leur ressembler du plus près possible. Par la suite, en revanche, à mesure que les citations de ce genre se font plus rares, lorsque Montaigne intercale encore dans les *Essais* des sentences éparses de Sénèque traduites en français, il ne fait que s'approprier des pensées d'autrui, conformément aux usages de l'époque.

Si Montaigne cite Cicéron et Sénèque dans leur propre langue, c'est qu'il aimait le son du latin, et non pas parce qu'il tenait à préciser que telle idée venait non pas de lui mais d'un autre auteur. L'"Imitatio" n'est donc que la conséquence naturelle d'un comportement libre face à la notion de "propriété intellectuelle".

---

1 [Il est périlleux de parler sans réserves des "premiers essais de Montaigne" ou des "essais de la première période", étant donné que le texte de ces mêmes essais est dû en bonne partie, souvent en grande partie, à des interventions postérieures. Pour ce qui est de l'essai 1. 20, il faut reconnaître que 42%, *grosso modo*, de son contenu fut ajouté après 1588. Parmi les citations ci-dessus, le premier calque de Sénèque, en l'occurrence, fut inséré sur l'exemplaire de Bordeaux. Voir Brody, *Lectures*, p. 163, n. 4. *JB*].

Plus tard, lorsque Montaigne parle sur un ton méprisant des essais de la première période – "de mes premiers essais, aucuns puent un peu à l'étranger" (3. 5. 875B) – il est bien plus sévère envers lui-même que ne le sont beaucoup de ses contemporains. A mesure que Montaigne réalise le manque d'originalité de ses premiers essais, il se développe en lui une conscience, nouvellement formulée, de l'"originalité" en tant que telle : "C'est (C) le seul livre au monde de son espèce, d'(A) un dessein farouche et extravagant" (2. 8. 385AC).

Montaigne n'a pas tardé à abandonner les formes inférieures de l'"Imitatio", se tournant vers la libre reprise et adaptation de traits de style individuels. Voilà pourquoi il en vient à préférer Plutarque à Sénèque : "si mon inclination me porte plus à l'imitation du parler de Sénèque, je ne laisse pas d'estimer davantage celui de Plutarque" (2. 17. 638A). Ce qui l'attire en particulier chez Sénèque, c'est son style sententieux et aphoristique.[1] Montaigne paraît avoir partagé une autre habitude de ses contemporains, en se constituant un recueil des glanes les plus précieuses de ses lectures qu'il utilisait au moment propice dans son propre livre. Il s'agissait d'une anthologie de citations, classées sous des mots de repère, qui seraient aisément accessibles en cas de besoin.[2] Montaigne refusait, pourtant, de bourrer ses *Essais* de clichés :

> Ces pâtissages de lieux-communs, de quoi tant de gens ménagent leur étude, ne servent guère qu'à sujets communs ; et servent à nous montrer non à nous conduire, ridicule fruit de la science. (3. 12. 1056C)

Il y avait pourtant une tendance de son époque à laquelle il n'aurait pas été entièrement opposé. Il semble avoir recouru à certaines sentences et citations ornementales principalement parce

---

1 Voir le livre de Hay, ainsi que les remarques de Friedrich, p. 388-390.

2 Que Montaigne ait tenu, comme le suppose Porteau (p. 192), un tel catalogue ou non, sa mémoire disposait toujours d'un beau stock de citations. Une fois, il avoue ne plus se rappeler l'origine d'un passage qu'il aurait bien voulu alléguer : "Je fus pelaudé à toutes mains : au Gibelin j'étais Guelphe, au Guelphe Gibelin ; quelqu'un de mes poètes dit bien cela, mais je ne sais où c'est" (3. 12. 1044B).

que tout autre humaniste digne de ce nom les aurait utilisées à sa place :

> Humani a se nihil alienum putet.
> [Tér. *Heaut.* 1. 1. 25]
> [Qu'il ne s'imagine pas que rien d'humain lui soit étranger] (2. 2. 346A)
>
> Fortunae cetera mando.
> [Ovide, *Mét.* 2. 140]
> [J'abandonne le reste à la fortune]
> (3. 9. 998B)
>
> Permitte divis cetera.
> [Horace, *Odes* 1. 9. 9]
> [Abandonne le reste aux dieux]
> (3. 8. 934B)
>
> Non pudeat dicere quod non pudet sentire.
> (Inconnu)
> [N'ayons pas honte de dire ce que nous n'avons pas honte de penser]
> (3. 5. 845C)
>
> Misce stultitiam consiliis brevem.
> [Horace, *Odes* 4. 12. 27]
> [Mêle à ta sagesse un grain de folie]
> (3. 5. 843B)
>
> Amor ordinem nescit.
> [S. Jér., t. 1, p. 217]
> [L'amour ne connaît point l'ordre (la règle)]
> (3. 5. 896C)
>
> Stercus cuique suum bene olet.
> [Érasme, *Adages* 3. 4. 2]
> [Chacun aime l'odeur de son fumier]
> (3. 8. 929C)
>
> Difficultatem facit doctrina.
> [Quintilien 10. 3]
> [C'est la science qui crée la difficulté]
> (3. 13. 1067C)

De même, l'emploi de certains proverbes et citations bibliques était devenu tout à fait courant :

Deus superbis resistit ; humilibus autem dat gratiam.
[Pierre 1 Ép. 5. 5]
[Qui résiste aux superbes et donne sa grâce aux humbles]
(2. 12. 449C)
Eritis sicut dii, scientes bonum et malum.
[Genèse 3. 5]
[Vous serez comme des dieux, sachant le bien et le mal]
(2. 12. 488B)
Virga tua et baculus tuus ipsa me consolata sunt.
[Psaumes 22. 4]
[Ta verge et ton bâton m'ont consolé.]
(2. 12. 577A)
Magis magnos clericos non sunt magis magnos sapientes.
[Les plus grands savants ne sont pas les plus grands sages]
(1. 25. 134A)[1]

Jusqu'à la fin de sa vie, Montaigne collectionnait des citations en vue de les incorporer un jour, au besoin, dans les *Essais*. Elles étaient destinées à enrichir une œuvre que Montaigne considérait toujours comme susceptible d'amélioration. Avec l'âge, et surtout après 1588, son opposition à la multiplication des citations dans son livre devait s'affaiblir :

> Je m'en charge de plus fort tous les jours outre ma proposition et ma forme première, sur la fantaisie du siècle et enhortements d'autrui. S'il me messied à moi, comme je le crois, n'importe : il peut être utile à quelqu'autre. (3. 12. 1055C)

Le nombre des citations rapportées dans les "additions" s'accroît de façon dramatique, mais, comme le note Montaigne, sans améliorer toujours pour autant l'état antérieur d'un essai.[2] Prenons à témoin ces vers de Catulle, introduits après coup dans le texte de

1 Proverbe médiéval, évoqué par Rabelais (*Gargantua*, ch. 39) et Mathurin Régnier : "Les plus grands clercs ne sont pas les plus fins" (*Sat.* 3).

2 En plus des citations, les "additions" comportent des corrections de toutes sortes. Montaigne déplace les accents, écourte, allonge, polit, et nuance : "Ce ne sont que surpoids, qui ne condamnent point la première forme, mais donnent quelque prix particulier à chacune des suivantes par une petite subtilité ambitieuse" (3. 9. 964C).

1580, qui interrompent le fil de la pensée ou l'étendent au-delà du nécessaire :

> [...] une guerre étrangère est un mal bien plus doux que la civile ; mais je ne crois pas que Dieu favorisât une si injuste entreprise, d'offenser et quereller autrui pour notre commodité :
>
> *Nil mihi tam valde placeat, Rhamnusia virgo,*
> *Quod temere invitis suscipiatur heris.*
> [Catulle 68. 77]
>
> [O Némésis, accorde-moi de ne désirer aucune chose si vivement que je ne sois assez inconsidéré pour l'enlever de force à son possesseur]
>
> Toutefois la faiblesse de notre condition nous pousse souvent à cette nécessité, de nous servir de mauvais moyens pour une bonne fin. (2. 23. 683-684AB)

L'appel à Némésis, déesse de la Fatalité, n'est guère plus qu'un ornement humaniste, une concession au goût du temps, qui est loin de faire ressortir la valeur poétique intrinsèque de la citation.

Dans bon nombre des premiers essais, Montaigne se contente de réunir un groupe d'exemples et de citations, dans le but d'en tirer une conclusion.[1] Cette technique de composition rudimentaire relie le créateur des *Essais* aux compilateurs et aux auteurs de *Leçons* parmi ses contemporains. Les compilations rangeaient les citations individuelles par ordre alphabétique, sous des rubriques comme "abstinentia", "amor", "iustitia", "memoria", "virtus", ou "utilitas", en les connectant parfois les unes aux autres par de brèves remarques.[2] Les collections humanistes d'exemples et d'apophtegmes s'appuyaient sans doute sur des prototypes anciens. Déjà Plutarque et Cicéron s'étaient servis de recueils de matériaux similaires. "L'efficacité littéraire des exemples fournis par ces collections était l'affaire non pas de leur auteur mais de l'usager"

---

1 Les exemples sont à envisager comme des citations, lorsqu'ils ressortissent à des sources littéraires plutôt qu'au fonds de considérations personnelles d'un auteur.

2 [Les quatre paragraphes qui suivent figuraient dans une longue note à la page 58 de l'original. Leur contenu me paraissait, pourtant, d'un intérêt et d'une importance propres à justifier leur transfert dans le corps même du texte. *JB*]

(Kornhardt, p. 86). Montaigne eut recours aux *Faits et dits mémorables* de Valère Maxime, à l'*Anthologie grecque*, au recueil de sentences grecques de Jean Stobée, aussi bien qu'au corpus d'apophtegmes transmis dans les *Œuvres morales* de Plutarque. Parmi les compilations modernes, Montaigne utilisa aussi l'*Officine* de Ravisius Textor.

Les compilateurs modernes commencent par piller leurs prédécesseurs, et rajoutant de nouveaux extraits puisés chez les Anciens, ou se copiant réciproquement les uns les autres. L'exemple revêt assez souvent la forme d'une anecdote, laquelle culmine la plupart du temps en apophtegme. Une sous-division à l'intérieur du genre n'est donc guère possible.

Les anecdotes et les sentences ne servent pas uniquement de véhicule aux idées des Anciens ; elles informent le lecteur moderne sur leur vie privée, en lui fournissant du même coup des modèles de conduite à son propre usage.

Les compilations, pour la plupart des ouvrages de référence compréhensifs munis de riches index, étaient d'une lecture fatiguante, mais pour le lecteur friand d'informations elles constituaient des mines de renseignements rares et curieux de tous genres. Pour celui qui, comme Montaigne, se réjouissait à la découverte de faits contradictoires, ces ouvrages offraient bien des invitations à la réflexion.[1] Les exemples étaient divisés pour la plupart en deux groupes juxtaposés : dans l'un étaient rassemblés les maîtres dignes d'imitation, et dans l'autre les auteurs qu'il fallait éviter à tout prix. Un certain Domitius Brusonius écrit comme suit :

> Exempla vero apposui in utramque partem, ut contrariam contrario magis appareret : mala quidem ut fugeremus, bona ut sequeremur. (Praefatio)
>
> [J'ai réuni les exemples en deux groupes, placés côte à côte, de manière à rendre apparentes les différences qui les séparent : c'est-à-dire, pour que l'on sache fuir les mauvais et suivre les bons. *JB*]

1 Voir Villey, *Sources* t. 2, p. 1ss., Schon, p. 64ss., et Traeger, p. 27ss.

Tous les exemples ne se laissent pourtant pas intégrer ainsi à un schéma noir et blanc ; le lecteur a souvent l'impression d'un chatoiement kaléïdoscopique. Le principe monotone de l'arrangement linéaire et le parallélisme syntaxique se soustraient à toute configuration artistique. En général, chaque exemple est accompagné d'une seule illustration, laquelle relève toujours du même schéma :

> Alexander contra Darium militans, scripsit [...]
> Themistocles [...] in morte dixisse fertur [...]
> Diogenes dicebat [...]
> Cn. Aufidius [...] dicebat [...]
> Asclepiades philosophus, quaerentibus [...] respondit [...]
> (*Idem*, "De litteris", p. 240)

Les citations des poètes romains sont vite noyées dans ce déluge de matériaux, écrasées sous la masse des exemples. Rangés sans distinction dans la chaîne interminable des exemples, leurs vers perdent leur expressivité poétique. Ils sont réduits ainsi à de simples documents, allégués uniquement à cause de leur contenu matériel. Dans le chapitre "De adulterio" (1. 4) (*op. cit.*, p. 24), Domitius rapporte en ces termes un distique de Virgile :

> Anchemolus novercam incestavit, occisus ab Aenea. Virgil lib. x [388-389].
>
> Hinc Sthenium petit, et Rheti de gente vetusta
> Anchemolum, thalamos ausum incestare novercae.
>
> [Puis il s'en prend à Sthénius, puis à un homme de l'antique famille de Rhétus, Anchémolus, qui avait été déshonorer la couche de sa marâtre]

Et dans le chapitre "De morte" (4. 10) (*op. cit.*, p. 303) :

> Subit etiam morientes patriae recordatio, ut ait Vergilius lib. 10 [781-782]. de Anthore :
>
> Sternitur infoelix alieno vulnere, coelumque
> Aspicit, et dulcis moriens reminiscitur Argos.
>
> [Il tombe, le malheureux, frappé d'un coup qui n'était pas pour lui, il regarde le ciel et se souvient en mourant de la douce Argos]

Ou dans le chapitre "De navigatione" (4. 25) (*op. cit.*, p. 326ss) :

> Horatius [*Odes* 1. 3. 9-11] :
> Illi robur et aes triplex
> Circa pectus erat, qui fragilem truci
> Commisit pelago ratem.
> [Il avait du bois de chêne et trois lames de bronze autour du coeur, celui-là qui, le premier, livra un frêle esquif à la mer farouche.]

Comparées aux compilations de ce genre, les *Lectiones antiquae* (de Coelius Rhodiginus et Petrus Crinitus) ou les *Diverses leçons* (de Boaistuau, Corrozet, et Tahureau entre autres) font figure d'œuvres originales. Dans ces recueils, les exemples et les citations sont groupés autour d'une idée-maîtresse, selon une disposition contextuelle qui permet parfois aux citations en vers de déployer leur force poétique.

Dans ses premiers essais, suivant l'exemple des auteurs de *Leçons*, Montaigne réunit ses extraits dans une espèce de petit article. Et, ne se fiant pas encore à ses propres forces, il doit souvent avancer, comme eux, sur des béquilles, à coups de "guillemets". Un dense cortège d'exemples, de sentences, et d'élégantes citations en vers converge sur la question du suicide :

> Comme déserteurs de notre charge, nous sommes punis et en cettui-ci et en l'autre monde :
>
> Proxima deinde tenent moesti loca, qui sibi laetum
> Insontes peperere manu, lucemque perosi
> Projecere animas. [Virg. *Én*. 6. 434]
> [Puis tout près de là on voit, accablés de tristesse, les justes qui se sont donné la mort de leur propre main, et qui détestant la lumière, ont précipité leur âme aux enfers]

Il y a bien plus de constance à user la chaîne qui nous tient qu'à la rompre, et plus d'épreuve de fermeté en Régulus qu'en Caton. C'est l'indiscrétion et l'impatience qui nous hâte le pas. Nuls accidents ne font tourner le dos à la vive vertu ; elle cherche les maux et la douleur comme son aliment. Les menaces des tyrans, les géhennes et les bourreaux l'animent et la vivifient :

> Duris ut ilex tonsa bipennibus
> Nigrae feraci frondis in Algido,

Per damna, per caedes, ab ipso
Ducit opes animumque ferro ;
[Hor. *Odes* 4. 4. 57]

[Tel le chêne que les dures haches élaguent dans la sombre forêt du fertile Algide ; ses pertes, ses blessures, le fer même qui le frappe lui donnent une vigueur nouvelle]

Et comme dit l'autre :

Non est, ut putas, virtus, pater
Timere vitam, sed malis ingentibus
Obstare, nec se vertere ac retro dare.
[Sén. *Théb.* 1. 1. 190]

[Non, la vertu ne consiste pas, mon père, comme tu le penses, à craindre la vie, mais à faire face à l'adversité, à ne jamais tourner le dos ni reculer]

Rebus in adversis facile est contemnere mortem :
Fortius ille facit qui miser esse potest.
[Martial 40. 56. 15-16]

[Dans l'adversité il est facile de mépriser la mort ; il y a plus de courage à savoir supporter le malheur]

(2. 3. 352A)

Le passage suivant, tiré d'un essai qui remonte, selon Villey, à 1572, n'est lui aussi rien d'autre qu'un aride tissu de citations :

Je veux seulement faire lutter ensemble les traits de cinq poètes latins sur la louange de Caton [...] :

Sit Cato, dum vivit, sane vel Caesare major,
[Martial 6. 32]

[Que Caton soit de son vivant plus grand même que César]

dit l'un.

Et invictum, devicta morte, Catonem,
[Manil. *Astron.* 4. 87]

[Et Caton invaincu ayant vaincu la mort]

dit l'autre. Et l'autre, parlant des guerres civiles d'entre César et Pompée :

Victrix causa diis placuit, sed victa Catoni.
[Luc. *Phars.* 1. 128]

[Les dieux choisirent la cause des vainqueurs, mais Caton celles des vaincus]

Et le quatrième sur les louanges de César :

> *Et cuncta terrarum subacta,*
> *Praeter atrocem animum Catonis.*
>
> [Hor. *Odes* 2. 1. 23]

[L'univers tout entier à ses pieds, hormis la fière âme de Caton]
Et le maître du chœur, après avoir étalé les noms des plus grands Romains en sa peinture, finit en cette manière :

> *his dantem iura Catonem.*
>
> [Virg. *Én.* 8. 670]
>
> [Caton qui leur dicte des lois]
>
> (1. 37. 231-232A)

Montaigne accumule les citations en vers de la même manière dans l'essai 2. 36 (voir aussi 1. 46. 280AC). Dans 1. 37 Martial, Manilius, Lucain, Horace, et Virgile portent des jugements sur Caton, alors que dans 2. 36 Horace, Ovide, Lucrèce, et Manilius portent des jugements sur Homère.

CHAPITRE IV

FORME ET FOND : LES FONCTIONS DE LA CITATION DANS LES «ESSAIS»

Dans le chapitre précédent, on a cherché à dégager les traits non-originaux de la technique citationnelle de Montaigne, comparée à celle de ses contemporains. Quant au concept d'orginalité lui-même, il est soumis, on le sait, à des variations historiques. Il n'est pas possible de distinguer entre les éléments originaux et non-originaux d'une œuvre d'art sans référence à un schème de valeurs enraciné dans le temps. L'originalité d'un auteur doit se mesurer selon les normes de son époque :

> Sans doute y a-t-il là un cercle logique : le procès historique doit être jugé selon des valeurs, et l'échelle de valeurs découle elle-même de l'histoire. (Wellek/Warren, p. 361)

On ne saurait briser ce cercle qu'en employant une méthode à la fois inductive et déductive : "l'historien doit saisir par l'intuition, fût-ce provisoirement, l'essentiel du genre dont il traite" (*ibid.* p. 367), cherchant continuellement à confirmer ou à corriger ses hypothèses. Afin d'établir un juste standard de comparaison, il faut prendre en ligne de compte même les auteurs de second et de troisième rang :

> Pour l'historien de la littérature, il n'y a pas, et il ne doit pas y avoir, de "beaux livres", ni de "livres manqués", ni d'ouvrages "sans valeur littéraire" : il n'y a, et il ne doit y avoir, que des livres plus ou moins importants. (Larbaud, "Inauguration", p. 288).

Une distinction étanche entre "original" et "non-original" doit sans doute rester un idéal théorique.

Dans l'étude qui suit de l'emploi "original" des citations, il ne sera pas possible d'assigner à chacune d'entre elles une fonction unique et définitive. Une citation est susceptible d'une multiplicité de fonctions différentes, dont plus d'une peut être activée en même temps. Il ne convient pas de chercher à esquisser une rigide typologie de fonctions :

> Une classification rigoureuse est incompatible avec la nature des faits de langage. (Bally, par. 194)

C'est au critique de déterminer l'importance relative des fonctions individuelles de chaque citation. Et, dans l'exécution de cette tâche, il ne saurait éviter la subjectivité du jugement :

> Que le sentiment personnel joue un grand rôle dans l'appréciation de ces figures, on ne saurait le nier, mais c'est le cas de tous les modes d'expression intermédiaires. (*ibid.* par. 201)

Dans le choix de ses citations textuelles, Montaigne est motivé autant par leur contenu intellectuel que par leur forme poétique. Lorsque nous passons de l'étude d'une citation à fonction surtout substantielle à une autre dont l'intérêt est plutôt formel, nous avons l'impression, eu égard à l'analyse ci-dessus, de vouloir séparer les uns des autres des éléments dans le fond inséparables.

Citations et contextes dans les *Essais* sont fusionnés dans une unité à tel point insoluble que sans la citation qui y est enchâssée le contexte lui-même n'est pas du tout ou pas complètement compréhensible. Montaigne aime bien renfermer sa pensée nucléaire dans une citation, comme ici, par exemple, dans un vers de Dante :

> Qu'on lui propose cette diversité de jugements : il choisira s'il peut, sinon il en demeurera en doute. (C) Il n'y a que les fous certains et résolus.
>
> (A) *Che non men che saper dubiar m' aggrada*
> [*Inferno* 11. 93]
> [Car non moins que savoir, douter m'est agréable]
> (1. 26. 151AC)

Le sens de ce vers n'est pas à chercher chez Dante, mais plutôt dans son rapport avec le contexte de l'essai où il est enchâssé. Il doit être rattaché aussi au "Que sais-je ?" de Montaigne (2. 12. 527B) et à ses doutes sur la possibilité d'une connaissance certaine.

Dans beaucoup d'autre cas, en revanche, il est nécessaire de connaître le sens originaire d'un passage afin de comprendre pleinement sa portée en tant que citation. Dans l'exemple suivant, où un vers d'Horace est allégué, Montaigne fait entrer en jeu le contexte même de sa source. Il écrit au sujet de ses *Essais :*

> Considérant la conduite de la besogne d'un peintre que j'ai, il m'a pris envie de l'ensuivre. Il choisit le plus bel endroit et milieu de chaque paroi, pour y loger un tableau élaboré de toute sa suffisance ; et, le vide tout autour, il le remplit de grotesques, qui sont peintures fantasques, n'ayant grâce qu'en la variété et étrangeté. Que sont-ce ici aussi, à la vérité, que grotesques et corps monstrueux, rappiécés de divers membres, sans certaine figure, n'ayant ordre, suite ni proportion que fortuite ?
>
> *Desinit in piscem mulier formosa superne.*
>
> [*Art poétique* 4]
>
> Je vais bien jusques à ce second point avec mon peintre, mais je demeure court en l'autre et meilleure partie : car ma suffisance ne va pas si avant que d'oser entreprendre un tableau riche, poli et formé selon l'art. (1. 28. 183A)

Horace avait déjà parlé d'un livre, le comparant à une femme partie cheval-partie oiseau-partie poisson, qui réunissait des images incohérentes, comme dans un songe fiévreux. Horace, lui aussi, avait pris l'image du peintre comme son point de départ :

> Credite, Pisones, isti tabulae fore librum
> persimilem cuius velut aegri somnia vanae
> fingentur species, ut nec pes nec caput uni
> reddatur formae [...]
> Denique sit quod vis, simplex dumtaxat et unum.
>
> (*Art poétique* 6-9, 23)
>
> [Croyez-moi, Pisons, ce tableau vous offrira le portrait fidèle d'un livre où, pareilles au songes d'un malade, ne seront retracées que des images inconsistantes, faisant un corps dont les pieds et la tête ne répondront pas à un type unique [...] l'œuvre sera ce qu'on voudra, il faut au moins qu'elle soit simple et une]

Pourtant, en citant le vers, "Desinit in piscem mulier formosa superne", Montaigne accomplit quelque chose d'assez remarquable. Car, là où Horace a recours à la théorie narrative dans l'intention, précisément, de critiquer un livre qui manque d'unité structurelle, Montaigne avoue, en riant : dans les *Essais* j'agis exactement au contraire de la prescription d'Horace au début de son poème. Mon livre, faisant fi de toutes les règles de la poétique, est un grotesque et monstrueux bricolage.

Les corrections manuscrites de Montaigne sur l'exemplaire de Bordeaux montrent qu'il tenait aussi à renforcer la relation entre citation et contexte au moyen des signes de ponctuation.[1] A la fin d'une phrase qui introduisait une citation textuelle, l'imprimeur devait remplacer en règle générale un point par un point-virgule et un point-virgule par une virgule.

Chez un auteur, comme Montaigne, qui vit sur un pied d'intimité avec le latin, la citation latine se glisse souvent d'elle-même dans le contexte français. Le mouvement de la pensée coule au travers de la citation. La disposition syntaxique de la phrase française semble être accordée au rythme de la citation latine :

> Notre discours est capable d'étoffer cent autres mondes et d'en trouver les principes et la contexture. Il ne lui faut ni matière ni base ; laissez-le courir ; il bâtit aussi bien sur le vide que sur le plein, et de l'inanité que de matière,
>
> *dare pondus idonea fumo.*
>
> [Perse, *Sat.* 5. 20]
>
> [Capable de donner du poids à la fumée]
>
> (3. 11. 1027B)

> Ces gens ici, qui trouvent les raisons de Sebond trop faibles, qui n'ignorent rien, qui gouvernent le monde, qui savent tout,
>
> *Quae mare compescunt causae : quid temperet annum ;*
> *Stellae sponte sua jussaeve vagentur et errent ;*
> *Quid premat obscurum Lunae, quid proferat orbem ;*
> *Quid velit et possit rerum concordia discors ;*
>
> [Horace, *Ép.*, 1. 12. 16]
>
> [Ce qui maîtrise la mer, ce qui règle l'année ; si les étoiles ont leur mouvement propre ou obéissent dans leur course à une force étrangère ; pourquoi le disque de la lune croît et décroît ; quel est le but et le résultat de cette concorde entre tant d'éléments discordants]

1 [Cet aspect de la composition des *Essais*, depuis longtemps négligé, reçoit un vif éclairage dans un article récent de Tournon. *JB*]

> n'ont-ils pas quelquefois sondé, parmi leurs livres, les difficultés qui se présentent à connaître leur être propre ?
>
> (2. 12. 538A)
>
> Moi qui m'épie de plus près, qui ai les yeux incessamment tendus sur moi, comme celui qui n'ai pas fort à faire ailleurs,
>
> *quis sub Arcto*
> *Rex gelidae metuatur orae,*
> *Quid Tyridatem terreat, unice*
> *Securus,*
>
> [Hor. *Odes* 1. 26. 3]
>
> [Fort peu soucieux de savoir quel roi on redoute sous l'Ourse glacée, et ce qui alarme Tiridate]
>
> à peine oserai-je dire la vanité et la faiblesse que je trouve chez moi.
>
> (2. 12. 565A)

Des citations de diverses origines peuvent aussi s'appuyer les unes les autres par des liens réciproques et insolubles. Elles s'enrichissent et s'éclairent mutuellement, se rattachant l'une à l'autre dans un rapport tout aussi étroit que celui qui les relie à leur contexte :

> Le premier jour de votre naissance vous achemine à mourir comme à vivre,
>
> *Prima quae vitam dedit, hora, carpsit.*
>
> [Sén. *Herc. fur.* 874]
>
> [Notre première heure, en nous donnant la vie, l'a déjà entamée]
>
> *Nascentes morimur, finisque ab origine pendet.*
>
> [Manil. *Astron.* 4. 16]
>
> [Dès notre naissance nous mourons et la fin de notre vie est la conséquence de son origine]
>
> (1. 20. 93A)

Tandis que dans ce passage les citations latines sont séparées par un point, dans l'exemple qui suit elles sont liées ensemble au moyen d'une virgule :

> (B) *versamur ibidem, atque insumus usque,*
>
> [Lucr. 3. 1093]
>
> [Nous tournons dans le même cercle, nous n'en sortons jamais]
>
> *Atque in se sua per vestigia volvitur annus.*
>
> [Virg. *Géorg.* 2. 402]

[L'année roule sur elle-même et recommence sans cesse sa route]
(1. 20. 94B)

Le plus souvent Montaigne juxtapose sans lien syntaxique des citations de provenances diverses. Parfois, comme dans la contamination suivante, deux citations – l'une en vers et l'autre en prose – sont enchaînées syntaxiquement. Montaigne rattache "quam" à "virtutem", alors que chez Cicéron, sa source en l'occurrence, le pronom relatif en question a pour antécédent le mot féminin, "philosophia" :

(A) virtutem verba putant, ut
Lucum ligna.
[Hor. *Épîtres*. 1. 6. 31]
[Ils croient que la vertu n'est qu'un mot, et que le bois sacré n'est que du bois]
(C) *Quam vereri deberent, etiamsi percipere non possent.*
[Cic. *Tusc*. 5. 2]
[La vertu qu'ils devraient honorer quand même ils seraient incapables de la comprendre]
(1. 37. 230AC)

Montaigne a soin aussi de resserrer les liens, au moyen d'une citation, entre un lieu-commun et son contexte. La qualité essentielle du lieu-commun est de multiplier au possible, par l'universalité de son contenu, le nombre de ses applications et d'élever telle pensée au plus haut niveau de généralisation et d'abstraction.[1]

L'emploi maladroit des lieux-communs – "Ces pâtissages de lieux communs de quoi tant de gens ménagent leur étude" (3. 12. 1056C) – risque de banaliser la pensée et de brouiller les nuances qu'il s'agit justement de mettre en valeur. Montaigne rattache donc le lieu-commun à un cas précis, où son sens est éclairé d'un jour

1 Voir Chamfort : "Les lieux communs ont un intérêt éternel. C'est l'étoffe uniforme que, toujours et partout, l'esprit humain a besoin de mettre en œuvre quand il veut plaire. Les circonstances y jettent leur variété. Il n'y a pas de musique plus agréable que les variations des airs connus" (p. 227).

spécial. Inversement, le lieu-commun situé dans un contexte déterminé laisse voir un ensemble de sens possibles.

L'énoncé "Est quaedam flere voluptas" [Il y a quelque volupté à pleurer] (Ovide, *Trist.* 4. 3. 37) se prête à une diversité de lectures. Mais il acquiert d'emblée un sens spécifique en étant rapproché de la réflexion : "Nous ne goûtons rien de pur", titre de l'essai 2. 20.

Le lieu-commun "Stillicidi casus lapidem cavat" [L'eau qui tombe goutte à goutte perce le rocher] (Lucr. 1. 314) ne déploie sa force qu'au moment où il entre en jeu avec les pensées : "Les plus menus et grêles empêchements sont les plus perçants" et "La tourbe des menus maux offense plus que la violence d'un, pour grand qu'il soit" (3. 9. 950BC).

Même la citation illustrative se transforme sous la plume de Montaigne en moyen d'expressivité artistique. Il emploie la citation comme illustration et exemple de deux façons différentes. La citation peut comporter l'opinion d'une autorité sur une question précise, ou bien transmettre simplement des informations traditionnelles. Montaigne aime citer ses sources textuellement lorsqu'il s'agit de brosser un panorama des mœurs et des usages exotiques pratiqués par des peuples éloignés dans l'espace ou dans le temps, de manière à montrer que même l'extraordinaire, voire l'inouï et le scandaleux, ne sont pas étrangers au comportement humain. Des citations informatives de ce genre accomplissent la même tâche que les exemples rapportés d'autres auteurs :

> Ils se faisaient souvent pinceter tout le poil, comme les femmes françaises ont pris en usage, depuis quelque temps, de faire leur front,
>
> *Quod pectus, quod crura tibi, quod brachia vellis,*
>
> [Mart. 2. 62. 1]
>
> [Tu t'épiles la poitrine, les jambes et les bras]
>
> quoiqu'ils eussent des oignements propres à cela :
>
> *Psilotro nitet, aut arida [latet] oblita creta.*
>
> [*idem* 6. 93. 9]
>
> [Elle oint sa peau de vigne blanche ou l'enduit de craie sèche]
>
> Ils s'essuyaient le catze de laine parfumée, quand ils en avaient fait :
>
> *At tibi nil faciam, sed lota mentula lana.*
>
> [*idem* 2. 58. 2]

[Rien à faire, si tu ne laves pas ton membre avec de la laine][1]

Il y avait aux carrefours à Rome des vaisseaux et demi-cuves pour y apprêter à pisser aux passants,

Pusi saepe lacum propter, se ac dolia curta
Somno devincti credunt extollere vestem.

[Lucr. 4. 1026]

[Souvent les enfants pendant leur sommeil croient lever leur robe pour uriner dans les réservoirs et les cuves destinés à cet effet]

(1. 49. 298A)

A partir des années 1578-1579, Montaigne emploie les citations de plus en plus comme instrument d'auto-portraiture. "La citation apparaît seulement comme une illustration, qui sert à contrôler et à préciser les caractéristiques personnelles" (Wittkower, p. 68). Dans ses réflexions sur la vie quotidienne des poètes et des historiens, Montaigne trouve de quoi étoffer l'anthropologie qu'il est en train de dessiner. Ses citations, devenant en quelque sorte le miroir de son âme, représentent clairement ses traits caractérologiques et mentaux, ses singularités, ses goûts, ses ambitions, ses attitudes, ses idées sur le style et l'écriture. Par le truchement des auteurs anciens, Montaigne révèle les traits les plus subtils et les plus intimes de sa vie physique, intellectuelle, et spirituelle, et

Je ne dis les autres, sinon pour d'autant plus me dire. (1. 26. 148C)

Montaigne ne cherche nullement à se dissimuler derrière ses citations, à "littérariser" la réalité, ou, à l'instar d'Érasme, à parler de lui-même à mi-voix. Dans le choix de ses citations, Montaigne ne recule pas devant la sexualité, pas plus qu'il ne se laisse intimider par les autres contraintes de la pudeur qui étaient, à son époque, plus sévères que de nos jours :

Manière d'écrire et public :

Non equidem hoc studeo, bullatis ut mihi nugis
Pagina turgescat.
Secreti loquimur.

---

1 [La traduction de ce vers, glosé par une vague paraphrase dans l'édition Villey-Saulnier, est la mienne. *JB*]

[Perse 5. 19]

[Je ne vise pas à enfler ces pages de billevesées ampoulées : c'est un tête-à-tête]

(2. 18. 664B)

Sincérité de l'écrivain :

Non pudeat dicere quod non pudeat sentire.

[Inconnu]

[N'ayons pas honte de dire ce que nous n'avons pas honte de penser]

(3. 5. 845C)

Prédilection pour la peinture de la vie quotidienne :

Narras, et genus Aeaci,
Et pugnata sacro bella sub Ilio :
Quo Chium pretio cadum
Mercemur, quis aquam temperet ignibus,
Quo praebente domum, et quota,
Pelignis caream frigoribus taces.

[Hor. *Odes* 3. 19. 3]

[Vous me contez et la généalogie d'Eacus, et les combats livrés sous les murs sacrés d'Ilion, mais à quel prix payerons-nous le vin de Chio, quel esclave chauffera mon bain, chez quel hôte et à quelle heure je me mettrai à l'abri du froid des Pélignes, de cela vous ne dites rien]

(3. 3. 821B)

Utililisation du savoir :

Ex quo Ennius : Nequicquam sapere sapientem,
qui ipse sibi prodesse non quiret.

[Cic. *De off.* 3. 15]

[Aussi Ennius dit-il : Vaine est la sagesse du sage si elle ne lui profite pas à lui-même]

(1. 25. 138C)

Valorisation du doute :

Che non men che saper dubiar m'aggrada.

(Dante, *Inferno* 11. 93)

[Car non moins que savoir, douter m'est agréable]

(1. 26. 151A)

Liberté totale du jugement :

(C) Neque, ut omnia quae praescripta et imperata sint, defendat, necessitate ulla cogitur.

[Cic. *Acad.* 2. 3]

[Aucune nécessité ne le contraint à défendre des idées qu'on lui aurait impérieusement prescrites]

Idéal de vie :

Pour moi, je loue une vie glissante, sombre et muette, (C) *neque summissam et abjectam, neque se efferentem.* [Cic. *De off.* 1. 34]

[Aussi éloigné de la bassesse et de l'abjection que de l'orgueil]

(3. 10. 1021BC)

Mourir volontiers pour les amis et la patrie :

non ipse pro charis amicis
Aut patria timidus perire.

[Hor. *Odes* 4. 9. 51]

[Tout prêt moi-même à mourir pour mes chers amis et pour ma patrie]

(3. 10. 1007B)

Indifférence à la renommée :

Nihil tam inaestimabile est quam animi multitudinis.

[Tite-Live 31. 34]

[Rien de plus méprisable que les jugements de la foule]

(2. 16. 624C)

(C) Quae est ista laus quae possit e macello peti ?

[Cic. *De fin.* 2. 15)

[Qu'est-ce que cette gloire qu'on peut trouver au marché ?]

(3. 10. 1023C)

Défaillances de mémoire :

Plenus rimarum sum, hac atque illac effluo.

[Tér. *Eun.* 1. 2. 25)

[Je suis tout percé de trous ; je perds de tous les côtés]

(2. 17. 651A)

Adaptabilité :

Omnis Aristippum decuit color, et status et res.

[Aristippe s'accommoda de tout costume, de toute condition, de toute fortune]

(1. 26. 167A)

Caractéristiques personnelles :

fugax rerum, securaque in otia natus.

[Ovide, *Trist*. 3. 2. 9]

[Ennemi des affaires et né pour la sécurité du loisir]

(3. 10. 1003B)

Comment supporter les peines de la vie :

Je me plains, je me dépite quand les aigres pointures me pressent, mais je n'en viens point (C) à me perdre, comme celui-là,

Ejulatu, questu, gemitu, fremitibus
Resonando multum flebiles voces refert.

[Cic. *De fin*. 2. 29 ; *Tusc*. 2. 14]

[Ce sont des soupirs, des cris, des gémissements, des lamentations qui retentissent avec un son plaintif]

(2. 37. 762AC)

Se sentir peu disposé à la haine :

(C) Neque extra necessitates belli praecipuum odium gero.

[Inconnu]

[Et, hors les nécessités de la guerre, je ne nourris aucune haine capitale]

(3. 10. 1012C)

Les rapports sexuels :

Sex me vix memini sustinuisse vices.

(Ovide, *Amours* 3. 7. 26)

[A peine si je me souviens d'y être allé jusqu'à six]

(3. 13. 1086B)[1]

La pousse des cheveux :

Unde rigent setis mihi crura, et pectora villis.

[Mart. 2. 36. 5]

[Aussi ai-je les jambes et la poitrine hérissés de poils]

(2. 17. 641A)

Inde tragus celeresque pili, mirandaque matri
Barba mea.

(Mart. 11. 22. 7)

[Aussi eus-je de bonne heure du poil sous l'aisselle, et ma barbe précoce étonna ma mère]

(3. 13. 1087B)

---

1 [L'éd. Villey-Saulnier nous rappelle à cet endroit que le texte d'Ovide est : "Et memini numeros sustinuisse novem". *JB*]

Montaigne aime bien constater sa ressemblance avec tel auteur ancien sous le rapport de certaines caractéristiques physiques et morales. Dans ces cas, la citation ne sert pas seulement à illustrer après coup une pensée déjà implicite dans le contexte français, mais elle atteint jusqu'au noyau de tout un complexe de pensées.

Montaigne prit très tôt l'habitude de citer textuellement des réflexions qu'il avait trouvées chez des auteurs anciens, exprimées déjà sous une forme prégnante, inimitable :

> [...] je déroberai ici les mots mêmes de Plutarque qui valent mieux que les miens [...] (1. 47. 284A).

Dans ses citations des auteurs romains, il profitait des possibilités de compression syntaxique inhérentes à la langue latine. Les substantifs verbaux et adjectivaux, les constructions infinitives et participiales confèrent à la phrase une acuité et un éclat qui seraient forcément perdus dans une paraphrase française :

> (C) Sic est faciendum ut contra naturam universam nihil contendamus ; ea tamen conservata, propriam sequamur.
>
> [Cic. *De off.* 1. 31]
>
> [Nous devons agir de manière à ne jamais contrevenir aux lois universelles de la nature ; mais, ces lois sauvegardées, nous devons nous conformer à notre nature individuelle]
>
> (3. 9. 989C)
>
> Et puis cette même Rome [...] seule ville commune et universelle [...]
> Sa ruine même est glorieuse et enflée.
>
> *Laudandis preciosior ruinis.*
>
> [Sid. Apoll. *Carm.* 23. 62]
>
> [Plus précieuse par ses ruines superbes]
>
> (3. 9. 997BC)

Les citations de Montaigne sont bien plus que des ornements accessoires, et elles ne constituent pas de simples éléments de soutien. Il n'avait nullement besoin d'alléguer des autorités à l'appui de ses opinions, et il aurait pu renoncer entièrement aux citations. Elles représentent pour lui un moyen d'expression bienvenu mais non pas indispensable :

> [...] je n'entends pas qu'ils me couvrent, et qu'ils me cachent : c'est le rebours de mon dessein, qui ne veux faire montre que du mien, et de ce qui est mien par nature ; et si je m'en fusse cru, à tout hasard, j'eusse parlé tout fin seul. (3. 12. 1055B)

Déjà dans plusieurs des premiers essais, Montaigne démontre son indépendance vis-à-vis de l'autorité des citations par la manière dont il allègue les auteurs pour mieux les réfuter. Montaigne rejette l'opinion de l'Arioste, sur une victoire remportée à l'aide d'une ruse, au profit de la position défendue par Quinte-Curce et Virgile :

> *Fu il vincer sempre mai laudabil cosa,*
> *Vincasi o per fortuna o per ingegno,*
> [*Rol. fur.* 15. 1]
>
> [La victoire est toujours louable, qu'elle soit due à la fortune ou à l'habileté]
>
> disent-ils. Mais le philosophe Chrisippe n'eût pas été de cet avis, et moi aussi peu : car il disait que ceux qui courent à l'envie doivent bien employer toutes leurs forces à la vitesse ; mais il ne leur est pourtant aucunement loisible de mettre la main sur leur adversaire pour l'arrêter, ni de lui tendre la jambe, pour le faire choir. (B) Et plus généreusement encore ce grand Alexandre à Polypercon [...] : "Point, fit-il, ce n'est pas à moi d'employer des victoires dérobées : *malo me fortunae poenitat, quam victoriae pudeat*" [J'aime mieux avoir à me plaindre de la fortune qu'à rougir de ma victoire] [Quinte-Curce 4. 13].
>
> *Atque idem fugientem haud est dignatus Orodem*
> *Sternere, nec jacta caecum dare cuspide vulnus :*
> *Obvius, adversoque occurrit, seque viro vir*
> *Contulit, haud furto melior, sed fortibus armis.*
> [Virg. *Én.* 10. 732-735]
>
> [Il (Mézence) dédaigne de frapper Orode dans sa fuite, de lui décocher un trait qu'il ne verrait pas et qui le blesserait par derrière ; il court à lui, et c'est de front, corps à corps, qu'il attaque : il veut vaincre non par surprise, mais par la seule force des armes]
>
> (1. 6. 29AB)

La technique de confrontation, typique de la littérature de vulgarisation, se réduit souvent au rigide schème bi-polaire : citation vs contre-citation. Dans les *Essais* ce schème s'avère être plutôt multipolaire. De nombreuses opinions, diversement contradictoires les unes des autres, se heurtent à travers les citations jusqu'à ce que, finalement, une dernière citation vienne à son tour vider la querelle. En langage montaignien, ce jeu contre-citationnel continuel s'appelle : "faire lutter ensemble" (1. 37. 231A)

Dans l'*Apologie*, les citations sont souvent engagées dans des batailles de ce genre. Les auteurs anciens semblent intervenir personnellement en faisant peser leur voix dans la balance, tandis que Montaigne se tient à l'arrière-plan. Lucrèce se charge de l'exposition du sujet, Cicéron de la conclusion :

> Or voyons ce que l'humaine raison nous a appris de soi et de l'âme [...]:
>
> *Ignoratur enim quae sit natura animai,*
> *Nata sit, an contra nascentibus insinuetur,*
> *Et simul intereat nobiscum morte dirempta,*
> *An tenebras orci visat vastasque lacunas,*
> *An pecudes alias divinitus insinuet se.*
> [Lucr. 1. 113]
>
> [C'est qu'on ne connaît pas la nature de l'âme : naît-elle avec le corps, ou au contraire y est-elle introduite au moment de la naissance ? Périt-elle avec nous, détruite par la mort, ou va-t-elle voir les ténèbres de l'Orcus et ses vastes gouffres ? Ou se glisse-t-elle par l'ordre des dieux, dans les corps d'autres animaux ?]
>
> A Cratès et Dicearchus, qu'il n'y en avait du tout point, mais que le corps s'ébranlait ainsi d'un mouvement naturel ; à Platon, que c'était une substance se mouvant de soi-même ; à Thalès une nature sans repos ; à Asclépiade, une exercitation des sens ; à Hésiode et Anaximandre, chose composée de terre et d'eau ; à Parménide, de terre et de feu ; à Empédocle de sang,
>
> *Sanguineam vomit ille animam ;*
> [Virg. *Én*. 9. 349]
>
> [Il vomit son âme de sang]
>
> à Possidonius, Cléante et Galien une chaleur ou complexion chaleureuse,
>
> *Igneus est ollis vigor, et coelestis origo ;*
> [*ibid*. 6. 730]
>
> [Elles (les âmes) ont la vigueur du feu, et leur origine est céleste]
>
> à Hippocrate, un esprit épandu par le corps ; à Varron, un air reçu par la bouche échauffé au poumon [...],
>
> (B) *habitum quendam vitalem corporis esse,*
> *Harmoniam Graeci quam dicunt.*
> [Lucr. 3. 100]

> [Une certaine manière d'être du corps vivant que les Grecs appellent harmonie]
>
> [...] (C) Et, après tout ce dénombrement d'opinions : "*Harum sententiarum quae vera sit, deus aliquis viderit*", dit Cicéron [*Tusc.* 1. 11] [De toutes ces opinions, à quelque dieu de juger laquelle est la vraie].
> (2. 12. 542-543AC)

Montaigne emploie la même technique pour démolir en une seule phrase les arguments de plusieurs auteurs en faveur de la ressemblance de l'homme à la divinité :

> Mais il faut mettre aux pieds cette sotte vanité. (2. 12. 490A)

Aux philosophes dogmatiques, qui affirment l'accessibilité de l'homme à la vérité, Montaigne oppose des citations de Platon et de Cicéron, pour qui les connaissances humaines ne sont que vraisemblables (2. 12. 546-548). Lucrèce et Cicéron tiennent l'union du corps et de l'âme pour impossible ; si Montaigne les cite à cet effet, ce n'est que dans le but de mieux réfuter une opinion fautive (2. 12. 562ss).

De la même manière, Montaigne expose volontiers des arguments mutuellement contradictoires au moyen d'une pléthore d'exemples et de contre-exemples.[1]

Dans les *Essais*, les exemples ne seront plus allégués, comme dans les *Diverses leçons* de Pierre Messie, simplement à cause de leur bizarrerie ; ils ne serviront pas non plus, en règle générale, à illustrer des pensées déjà formulées. La pensée est concrétisée dans les exemples mêmes, vouée toutefois à un mouvement oscillatoire au sein d'un ensemble d'autres exemples antagoniques les uns par rapport aux autres. La valorisation de chaque exemple est pourtant soumise aux pressions exercées sur lui par les exemples avoisinants et, graduellement, il se dégage de ce processus d'alternance une

---

1 La question de l'exemple ancien et moderne, entamée par Traeger (p. 67), reste à être étudiée en profondeur. [Cette lacune a été comblée en partie par l'ouvrage de Lyons. *JB*]

vérité, localisée dans un champ conceptuel mitoyen de ceux que délimitent les exemples extrêmes.

Les divers contenus des exemples se commentent réciproquement. Mais cela ne veut pas dire que Montaigne s'abstient pour autant de tout commentaire, comme Traeger (p. 67) a l'air de le croire, en laissant les exemples dialoguer à sa place. C'est plutôt le cas qu'il renonce à formuler une interprétation définitive. Car le lieu mitoyen, que Montaigne essaie toujours de cerner parmi les exemples qu'il donne, se laisse démarquer plutôt par des cas précis que par des idées distinctes et abstraites. Le langage factuel des exemples ne se laisse point traduire en celui des idées abstraites.

Il est bien vrai que "chaque chose a plusieurs biais et plusieurs lustres" (1. 38. 235A). Les exemples et les contre-exemples trouvent souvent un point d'équilibre. Dans l'essai *De l'incertitude de notre jugement* (1. 47), Montaigne montre que les exemples sont souvent le produit d'une palette mélangée, et qu'ils n'apportent pas une réponse univoque à toutes les questions. Il n'est pas clair, d'après les exemples fournis par l'histoire, si le défenseur de son pays doit apporter la guerre chez l'ennemi :

> Et n'avait pas faute d'exemples pour l'un et pour l'autre parti. Scipion trouva bien meilleur d'aller assaillir les terres de son ennemi en Afrique, que de défendre les siennes et le combattre en ltalie où il était, d'où bien lui prit. Mais, (C) au rebours, Hannibal, en cette même guerre, se ruina d'avoir abandonné la conquête d'un pays étranger pour aller défendre le sien. (1. 47. 286A)

Les faits sont susceptibles d'être évalués diversement, lorsque les avantages et les désavantages, comme dans la victoire de Pyrrhus, sont impliqués les uns dans les autres sans qu'on puisse les juger séparément.

Un général peut bien sauver sa propre vie en se déguisant pendant la bataille. Mais, s'il recourt à ce subterfuge, il ne sera plus reconnu par ses propres troupes, et ne sera donc plus en état de les encourager. Si, au rebours, il apparaît sur le champ de bataille portant une somptueuse armure, il peut, par son exemple, pousser ses soldats à se battre, mais en mettant sa propre vie en danger :

> L'accident de Pyrrhus, en la bataille qu'il eut contre le consul Lévinus en Italie, nous sert à l'un et l'autre visage : car pour s'être voulu cacher sous les armes ce Démogaclès et lui avoir donné les siennes, il sauva bien sans doute sa vie, mais aussi il en cuida encourir l'autre inconvénient, de perdre la journée. (1. 47. 284A)

Le procédé de Montaigne n'est point discursif, comme celui préconisé par Descartes dans le *Discours de la méthode*. Puisqu'il n'est pas possible de pousser d'un seul coup jusqu'au cœur des choses, Montaigne cherche à s'en rapprocher progressivement, au moyen d'ajouts constamment renouvelés. Un sujet ne livre jamais, une fois pour toutes, son essence ; au contraire, il refuse d'être fixé dans une formulation définitive. Voilà pourquoi Montaigne aime faire le tour de son champ de réflexion de manière à le cerner, souvent à l'aide de citations et d'exemples, en une prise instantanée, et en touchant le plus grand nombre d'aspects possible. Cette "technique de description paraphrastique" se sert non seulement de la paraphrase proprement dite – en tant que circonlocution visant à amplifier, à approfondir, et à nuancer un sujet – mais elle a recours aussi aux diverses formes de l'appropriation, c'est-à-dire à la "citation" dans le sens le plus large du terme. Sous la plume de Montaigne, la paraphrase ne fonctionne pas tout simplement comme une variation purement "formelle". L'élément paraphrasé et le mécanisme paraphrasant possèdent un sens en commun, qui sert à Montaigne à accroître le pouvoir de témoignage de tel ou tel sujet. Pas plus que la pensée recélée au cœur d'un exemple, la portée intellectuelle d'un faisceau de paraphrases ne se laisse traduire en idée abstraite.[1]

---

1 Malebranche, en bon disciple de Descartes, méconnaît la force d'évidence et de persuasion que Montaigne puisait dans les exemples et les citations textuelles : "Un trait d'histoire ne prouve pas : un petit conte ne démontre pas ; deux vers d'Horace, un apophtegme de Cléomène ou de César, ne doivent persuader des gens raisonnables : cependant ces *Essais* ne sont qu'un tissu de traits d'histoire, de petits contes, de bons mots, de distiques, et d'apophtegmes" (p. 359).

Dans de nombreux essais, les citations textuelles brillent comme autant de lumineux points de repère. L'essai *Du pédantisme*, par exemple, est organisé autour d'un faisceau de textes directeurs :

> *Mais je hais par sur tout un savoir pédantesque.*
> [Du Bellay, *Regrets*, sonnet 68]
> (1. 25. 133A)
>
> *Magis magnos clericos non sunt magis magnos sapientes.*
> [Voir plus haut p. 91]
> [Les plus grands savants ne sont pas les plus grands sages]
>
> *Odi homines ignava opera, philosopha sententia.*
> [Je hais les hommes lâches dans l'action, philosophes seulement en paroles]
> [Pacuve in Aulu-Gelle 13. 8] (1. 25. 135A)

Ces passages ne démarquent évidemment pas des segments de pensée individuels. Dans de rares cas, la citation remplit une fonction de charnière à l'intérieur d'un fil d'idées. Il est assez clair qu'avec les mots "Quo diversus abis ? " [Virg. *Én*. 5. 166 : Où vas-tu t'égarer ?], Montaigne signale son retour d'une digression au thème central (3. 9. 994B). Mais, en général, le fait qu'une citation précède ou suit une pensée ne veut pas dire forcément qu'elle introduit ou conclut cette pensée.

> J'entends que la matière se distingue soi-même. Elle montre assez où elle se change, où elle conclut, où elle commence, où elle se reprend, sans l'entrelacer de paroles, de liaison et de couture. (3. 9. 995B)

Le vers de Du Bellay ("Mais je hais par sur tout un savoir pédantesque"), qui fonctionne en quelque sorte comme l'exergue de l'essai 1. 25, fait surface dès la onzième ligne de l'édition Villey-Saulnier, quitte à être renforcé peu après par le mot d'esprit sur les clercs. Le vers de Pacuve est enchâssé au beau milieu de l'argument sur la relation entre le savoir philosophique et l'aptitude à la vie active.

Les essais qui s'ouvrent sur une citation sont plutôt rares ; plus nombreux sont ceux qui ont une citation à la fin. Mais, en général, les citations initiales ou terminales ne servent, respectivement, ni d'inscription annonciatrice ni de conclusion récapitulative aux essais où elles se trouvent alléguées.[1]

Les citations textuelles en langues étrangères, en vers et en prose, exercent un bien plus puissant attrait que les emprunts et les exemples.

La configuration typographique de l'exemplaire de Bordeaux, où, à la différence des éditions modernes, les pages ne sont pas divisées en paragraphes, donne un relief tout particulier aux citations en vers.

Le fait est que l'ensemble des citations textuelles, à l'exception de quelques cas erronés, mais sans compter les citations "imitatives", sont imprimées en italiques. Mais seules les citations en vers, formellement détachées du bloc textuel, marquent ainsi leur présence sur la page imprimée. Chaque citation en vers, se décalant par rapport au segment de texte qui la précède et qui la suit, aussi bien que par rapport aux marges droite et gauche, accumule autour d'elle de l'espace blanc et vide.

Pour ce qui est de l'orthographe, la ponctuation, et la présentation technique, le livre des *Essais* manque totalement de consistance. Sur une feuille rectificative préliminaire, sans chiffre ni signature, attachée à l'exemplaire de Bordeaux, Montaigne a communiqué à l'imprimeur ses désirs pour la correction de son texte, lui rappelant qu'il fallait "regarder de près aux points qui sont en ce style de grande importance" (voir plus haut, p. 102), précision qui donne à croire que sa déclaration d'indifférence et de modestie à cet égard doit être prise *cum grano salis* :

> Je ne me mêle ni d'orthographe et ordonne seulement qu'ils suivent l'ancienne, ni de la ponctuation : je suis si peu expert en l'un et en l'autre. (3. 9. 965B).

---

1 C'est à titre d'exception que les citations qui lancent les essais 1. 19 (20) et (25) semblent résumer proleptiquement le sens intime de ces essais. Pour d'autre citations liminaires voir les essais 1. 10, 18, et 47 ; pour des exemples de citations terminales, voir les essais 1. 6, 22, 32, 37, 42, 46, 53, 56 ; 2. 8, 14 ; 3. 1, 4, 6, 10, 13 (le livre des *Essais* s'achève sur une citation d'Horace).

Quant aux citations en vers et en prose, elles devaient être composées selon la consigne suivante :

> La prose latine, grecque, ou autre étrangère il la faut mettre parmi la prose française en caractère différent. Les vers à part, et les placer selon leur nature. Pentamètres sapphiques, les demi vers, les commencements au bout de la ligne, la fin sur la fin. En cet exemplaire il y a mille fautes en tout cela. (Éd. typographique, t. 1, p. 427-428)

A côté de chaque citation mal composée, Montaigne inscrit sur l'exemplaire de Bordeaux une remarque technique à l'intention de l'imprimeur : "c'est prose", lorsque l'imprimeur avait pris, par mégarde, une citation en prose pour des vers, et "vers" ou "vers à part", lorsque, au contraire, il avait pris des vers pour de la prose, "plus en çà" ou "tirez plus en çà", lorsqu'il y avait un vers décalé, et "fin de vers", lorsqu'il s'agissait d'aligner un vers sous un autre.

En plein contexte français, les citations parlent en latin, en italien et en grec. Le jeu réciproque entre vers et prose, et la tension entre divers sons et rythmes exercent sur le lecteur un effet esthétique tout particulier. Les citations en vers importent dans la prose de Montaigne une variété d'accents rythmiques et métriques. A l'occasion d'une contamination citationnelle, par exemple, il s'opère un changement de rythme à mesure qu'un vers sapphique de onze syllabes s'enchaîne sur un hexamètre :

> Prima quae vitam dedit, hora carpsit.
>
> [Sén. *Herc. fur.* 3. 874]
>
> [Notre première heure, en nous donnant la vie, l'a déjà entamée]
>
> Nascentes morimur, finisque ab origine pendet.
>
> [Manil. *Astron.* 4. 16]
>
> [Dès notre naissance nous mourons et la fin de notre vie est la conséquence de son origine]
>
> (1. 20. 93A)

Grâce à l'amour de Montaigne pour la poésie – "Dès ma première enfance, la poésie a eu cela, de me transpercer et transporter" (1. 37. 232C) – les citations en vers dans les *Essais* sont beaucoup plus nombreux que les citations en prose. Ce sont les citations en vers, par ailleurs, qui se rapprochent le plus de son idéal stylistique :

> Le parler que j'aime, c'est un parler simple et naïf, tel sur le papier qu'à la bouche ; un parler succulent et nerveux, court et serré, (C) non tant délicat et peigné comme véhément et brusque :
>
> *Haec demum sapiet dictio, quae feriet.*
>
> [Epitaphe de Lucain]
>
> [L'expression sera bonne si elle frappe]
>
> (1. 26. 171AC)

L'auteur de ces paroles fait ses délices de la poésie par amour de la chose en soi.

Montaigne est fort attiré aussi, on le sait, par les sentences imprégnées de sagesse expérientielle, qu'elles soient couchées en vers ou en prose. Condensant en peu de paroles tout un complexe de pensées, un bon aphorisme est toujours de mise :

> Aille devant ou après, une utile sentence, un beau trait est toujours de saison. (C) S'il n'est pas bien à ce qui va devant, ni à ce qui vient après, il est bien en soi. (1. 26. 170AC)

Montaigne ne vise pas ici les citations en vers d'une façon générale, tout au plus les sentences en vers côte à côte avec les citations en prose. L'auteur des *Essais* ne se contente pas de reproduire les sentences des autres ; il en fabrique aussi de son propre cru. C'est ainsi qu'il adopte comme sien le style aphoristique et "pointu" de Sénèque ; c'est ainsi également qu'Étienne Pasquier peut écrire son éloge : "C'est un autre Sénèque en notre langue" (p. 46).[1]

Montaigne reconnaît aussi que le rythme poétique est capable de donner de l'élévation à une pensée. Il attribuait à la poésie une capacité expressive toute particulière qu'il illustre, au cours de son éloge du style sénéquien, à l'aide de la métaphore de la trompette :

---

1 Le livre de Montaigne, encore selon Pasquier, contient "une infinité de belles pointes" ; c'est "un vrai séminaire de belles et notables sentences, dont les unes sont de son estoc, et les autres transplantées si heureusement [...] qu'il est malaisé de les juger pour autres, que siennes" (p. 47).

> [...] tout ainsi que la voix, contrainte dans l'étroit canal d'une trompette, sort plus aiguë et plus forte, ainsi me semble-t-il que la sentence, pressée aux pieds nombreux de la poésie, s'élance bien plus brusquement et me fiert d'une plus vive secousse. (1. 26. 146A)

Montaigne fait appel ici à la suggestivité de la poésie au moment où son propre moyen d'expression, la prose française, risque de rester en deçà de l'expressivité poétique.

Bon nombre des citations poétiques de Montaigne renferment des images. Et beaucoup de ses propres pensées sont véhiculées par des métaphores, qui ne se laissent pourtant pas retraduire en idées abstraites.[1] Dans la métaphore, les éléments abstraits et concrets cohabitent à titre égal :

> L'abstraction est objectivée grâce à une production continue de métaphores. (Wittkower, p. 104).

Les idées abstraites dans les *Essais* sont toujours entourées par des images et des exemples illustratifs. Les exemples et les métaphores, tant contextuelles que citationnelles, conduisent de l'idée abstraite à sa visualisation. Au beau milieu d'une discussion abstraite, les idées de "tempérament", "amour", "colère", "raison", "jugement", et "âme" sont transformées, par l'intermédiaire de citations poétiques, en images suggestives. La foudre, le tigre, le rocher roulant du haut de la montagne, le cours impétueux du fleuve Aufidus, servent de métaphores pour le tempérament de César :

---

1 Sous la plume de Montaigne, il est difficile de distinguer entre une pensée et une image. A en croire Sainte-Beuve, "Montaigne est l'écrivain le plus riche en comparaisons vives, hardies, le plus naturellement fertile en métaphores, lesquelles chez lui, ne se séparent jamais de la pensée, mais la prennent par le milieu, par le dedans, la joignent et l'étreignent" (*Causeries* t. 4, p. 94) ; "On n'y reçoit les idées qu'en images [...] pensée, image chez lui, c'est tout un" (*Port-Royal*, t. 2, p. 443). Et selon Gray : "L'image peut être parente de l'idée et l'embellir, où elle peut incorporer l'idée, être de la même étoffe qu'elle. La plupart du temps l'image n'illustre pas la pensée de Montaigne, elle est la pensée" (*Style*, p. 155). "Ou bien la langue", écrit Friedrich, "sautant le stade théorique de la pensée, la traduit immédiatement dans le sensible" (p. 383). Voir aussi Thibaudet, p. 505-566 et Schnabel, passim. [Consulter aussi Brody, *Lectures*, p. 49-54. *JB*].

Ocior et coeli flammis et tigride foeta.
[Luc. 5. 405]
[Plus rapide que l'éclair et que la tigresse qui a des petits à défendre]
Ac veluti montis saxum de vertice praeceps
Cum ruit avulsum vento, seu turbidus imber
Proluit, aut annis solvit sublapsa vetustas,
Fertur in abruptum magno mons improbus actu
Exultatque solo, silvas, armenta virosque
Involvens secum.
[Virg. *Én.* 12. 684]
[Pareil à un rocher qui roule du haut de la montagne, arraché par le vent, ou déraciné par les tourbillons de pluie, ou miné par l'action des années : la masse énorme se précipite dans une chute horrible vers l'abîme, fait retentir le sol, entraînant avec soi les forêts, les troupeaux et les bergers]
(2. 34. 739B)

La chaleur du feu et la rivière torrentielle sont appelées à représenter le tempérament de César et d'Alexandre :

Et velut immissi diversis partibus ignes
Arentem in silvam et virgulta sonantia lauro ;
Aut ubi decursu rapido de montibus altis
Dant sonitum spumosi amnes et in aequora currunt,
Quisque suum populatus iter.
[Virg. *Én.* 12. 521)
[Tels deux incendies déchaînés sur divers points dans une forêt désséchée pleine de broussailles qui pétillent et de lauriers, ou tels des torrents écumeux qui, dans une chute rapide, tombent avec fracas du haut des montagnes et courent à la plaine après avoir tout ravagé sur leur passage]
(2. 36. 755B)

Un rocher fondant sur un obstacle, l'eau en ébullition, et un taureau enragé servent de métaphores pour la colère et la fureur :

rabie jecur incendente, feruntur
Praecipites, ut saxa jugis abrupta, quibus mons
Subtrahitur, clivoque latus pendente recedit.
[Juv. 6. 647]
[Le coeur enflammé de rage, ils roulent comme le rocher qui, perdant son point d'appui, se précipite tout à coup du haut de la montagne]
(2. 31. 714B)

magno veluti flamma sonore
Virgea suggeritur costis undantis aheni,
Exultantque aestu latices : furit intus aquaï
Fumidus atque alte spumis exuberat amnis ;
Nec iam se capit unda ; volat vapor ater ad auras.
(Virg. *Én.* 7. 462)

[Ainsi, lorsqu'avec grand bruit un feu de bois s'allume sous un vase d'airain, l'eau bouillonne sous l'action de la chaleur ; elle fait rage dans sa prison et franchit, écumante, les bords du vase ; elle ne se contient plus ; une noire vapeur s'élève dans les airs]

(2. 31. 718B)

Mugitus veluti cum prima in proelia taurus
Terrificos ciet atque irasci in cornua tentat,
Arboris obnixus trunco, ventosque lacessit
Ictibus, et sparsa ad pugnam proludit arena.
(Virg. *Én.* 12. 103)

[Tel un taureau, se préparant au combat, pousse des mugissements terribles, essaie dans sa colère ses cornes contre le tronc d'un arbre, bat l'air de ses coups et prélude à l'attaque en dispersant le sable]

(2. 31. 719B)

Un rocher battu par les vagues et la tempête comme métaphore pour la constance face à l'ennemi :

velut rupes vastum quae prodit in aequor,
Obvia ventorum furiis, expositaque ponto,
Vim cunctam atque minas perfert coelique marisque,
Ipsa immota manens.
(Virg. *Én.* 10. 693)

[Tel un rocher qui s'avance dans la haute mer ; exposé à la fureur des vents et des flots, il brave les menaces et les efforts conjurés du ciel et de la terre, et reste lui-même inébranlable]

(3. 10. 1015B)

Les spores cachées des plantes comme image de la versatilité de l'esprit humain :

Seu plures calor ille vias et caeca relaxat
Spiramenta, novas veniat qua succus in herbas ;
Seu durat magis et venas astringit hiantes,
Ne tenues pluviae, rapidive potentia solis
Acrior, aut Boreae, penetrabile frigus adurat.
(Virg. *Géorg.* 1. 89)

[Soit que cette chaleur ouvre des chemins nouveaux et des pores secrets par où monte le suc dans les herbes nouvelles, soit qu'elle rende la terre plus dure et resserre ses veines, et la protège ainsi contre les pluies fines, contre les ardeurs du soleil ou contre le froid pénétrant de Borée]

(3. 11. 1034B)

Un navire balotté par la tempête comme image de l'instabilité de notre jugement :

velut minuta magno
Deprensa navis in mari vesaniente vento.

[Catulle 25. 12]

[Comme une frêle barque surprise sur la vaste mer par un vent furieux]

(2. 12. 566B)

L'œil crevé, aveugle, comme symbole de l'union inséparable de l'âme avec le corps :

Scilicet, avolsis radicibus, ut nequit ullam
Dispicere ipse oculus rem, seorsum corpore toto.

[Lucr. 3. 562)

[Ainsi, l'oeil déraciné de son orbite et séparé du reste du corps ne peut voir aucun objet]

(2. 12. 519B)

Le rocher au milieu de la mer comme image de la fermeté de la foi en Dieu :

Illisos fluctus rupes ut vasta refundit,
Et varias circum latrantes dissipat undas
Mole sua.

[Virg. *Én*. 7. 587]

[Tel un vaste rocher refoule les flots qui le heurtent, et disperse les ondes qui de toutes parts rugissent autour de lui, en leur opposant sa masse]

(2. 12. 441A)

Les citations poétiques surgissent souvent à l'improviste au beau milieu de la discussion d'une question brûlante comme celle de la mort ou des guerres de religion, projetant ainsi une vive lumière sur le monde de la littérature. Ce n'est pas comme si Montaigne tenait d'abord à s'assurer, avant d'oser exprimer ses propres sentiments, qu'il avait pour garant un auteur ancien. Il était ravi de constater des coincidences de ce genre, mais il évitait de les styliser en aucune manière, limitant l'emploi des citations lyriques à l'expression de ses sentiments personnels. Pendant un petit instant, s'écartant de tout ce qui le touche de trop près, il pénètre dans le domaine de la poésie :

Plaintes contre la guerre et nostalgie de la paix :

> Eheu cicatricum et sceleris pudet,
> Fratrumque : quid nos dura refugimus
> Aetas ? quid intactum nefasti
> Liquimus ? unde manus juventus
> Metu deorum continuit ? quibus
> Pepercit aris ?
>
> [Hor. *Odes* 1. 35. 33]
>
> [Hélas! nos cicatrices, nos crimes, nos guerres fratricides, nous couvrent de honte! Enfants d'un siècle barbare, devant quelle atrocité avons-nous reculé ? Où n'avons-nous point porté nos attentats ? La crainte des dieux a-t-elle jamais retenu la main de notre jeunesse ? Quels autels a-t-elles épargnés ?]
>
> [3. 9. 959B]
>
> Quam miserum porta vitam muroque tueri,
> Vixque suae tutum viribus esse domus.
>
> [Ovid, *Trist.* 4. 1. 69]
>
> [Qu'il est triste d'avoir besoin d'une porte et d'une muraille pour protéger sa vie, et de se fier à peine à la solidité de sa maison]
>
> [3. 9. 971B]
>
> Impius haec tam culta novalia miles habebit!
>
> [Virg. *Égl.* 1. 71]
>
> [Un barbare soldat s'emparera donc de ces terres si bien cultivés]
>
> (3. 9. 970B)
>
> Egregium sanctumque virum si cerno, bimembri
> Hoc monstrum puero, et miranti jam sub aratro
> Piscibus inventis, et foetae comparo mulae.
>
> [Juv. 13. 64]
>
> [Vois-je un homme intègre et vertueux, c'est un monstre pour moi, comme serait un enfant à deux têtes, des poissons qu'un laboureur ébahi trouverait sous le soc de la charrue ou bien une mule féconde]
>
> Incertam frustra, mortales, funeris horam
> Quaeritis, et qua sit mors aditura via.
>
> [Properce 2. 27. 1]

[En vain, mortels, vous cherchez à connaître l'heure incertaine de votre mort et le chemin par où elle doit venir]

(3. 12. 1051B)

Sit meae sedes utinam senectae,
Sit modus lasso maris, et viarum,
Militiaeque.

[Hor. *Odes* 2. 6. 6]

[Puissé-je y passer ma vieillesse! Fatigué de tant de voyages par mer et par terre et de la vie militaire, puissé-je y trouver le repos]

(3. 9. 952B)

Les vers et les passages de prose ne se prêtent pas tous de la même manière à la citation. Les sentences se suffisent en quelque sorte à elles-mêmes, et se laissent donc aisément décontextualiser.[1]

Mais la citation qu'on rattache le plus étroitement possible à la structure sémantique de son texte d'accueil, et qu'on détache totalement de son contexte d'origine, devient susceptible, ainsi qu'une sentence, d'une application universelle. L'écrivain, qui n'est pas tellement porté à la citation strictement littérale, doit se permettre de profiter des significations virtuelles réalisées ainsi.

A ce point, il s'ouvre des possibilités multiples d'utiliser dans un sens figuré des citations qui, dans l'original, furent employées exclusivement au sens propre. L'acte de citer comporte toujours quelque chose de "figuré", à partir du moment où le passage cité ne tient plus compte de sa source et qu'il n'a plus de témoignage à porter sur elle. Les seules citations capables de reproduire fidèlement le sens primaire de leur texte d'origine sont celles, précisément, qui doivent l'interpréter.

1 Au seizième siècle on faisait des recueils de sentences, comme, par exemple, *Les Autorités, Sentences et singuliers enseignements du grand censeur, poète et philosophe moral Sénèque* (1534) (Voir Hay, p. 21). De la même façon que les écrits de Sénèque, les *Essais* invitent à la récolte de ses maximes : "Tout ce qui plaît ne paît pas" (3. 12. 1040c). "Les plus griefs et ordinaires maux sont ceux que la fantaisie nous charge" (3. 13. 1087B). [Sur ce procédé réductif de lecture voir Brody, *Nouvelles lectures*, p. 10-12 et Brousseau-Beuermann, p. 66-80. *JB*].

Les autres citations ne sauraient rester fidèles au sens de l'original que moyennant des applications figurées. Citer s'appelle "traduire" – "translater" en langage montaignien – dans la mesure où la source de la citation elle-même n'est pas destinée à être interprétée. Pourtant, chaque "traduction" ou "translation" – comme on dit toujours en anglais – entraîne forcément à sa suite un déplacement ou une déformation du sens. De telles modifications peuvent produire à la fin, en passant par des gradations multiples, des renversements du pour au contre.

Les citations de Montaigne se conforment plus ou moins au sens de l'original lorsqu'il remplace les objets ou personnages anciens par leur équivalent moderne. Il rattache un "quam" à "virtutem" et non pas comme Cicéron à "philosophia" (plus haut, p. 104) ; il emploie l'image que Virgile avait appliquée à Turnus et Enée pour caractériser le tempérament de César et Alexandre (plus haut, p. 121).

Montaigne s'éloigne du sens original lorsqu'il adapte les mots de Tibulle sur sa bien-aimée (4. 13. 12), laquelle lui tient lieu, dans sa solitude, de la société des hommes ("et in solis tu mihi turba" [dans les lieux solitaires, tu es pour moi tout un monde]), à un éloge de la solitude et l'indépendance du Sage ("in solis sis tibi turba locis" [dans la solitude soyez-vous un monde à vous-même](1. 39. 241B) ; ou lorsqu'il évoque l'ordre de Gyas à son timonier Ménoetès de rediriger leur barque vers le rivage ("Quo diversus abis" ? *Én.* 5. 166) pour s'exhorter lui-même à revenir de sa digression et à reprendre le fil de son discours (plus haut, p. 116).

Il arrive assez souvent que Montaigne transforme la signification d'une citation en sens contraire. Alors qu'il a l'air de se mettre du même bord que tel auteur, ce n'est que pour mieux déformer son message. Plus Montaigne cite Lucrèce dans l'*Apologie*, plus il s'éloigne de lui. Ce mode citationnel est fait pour induire en erreur un lecteur qui connaît mal Lucrèce. Montaigne a l'air de s'amuser à voir si le lecteur finira par comprendre son astuce.[1]

Montaigne s'intéresse sans doute, en l'occurrence, comme dans les exemples cités plus haut, moins au sens original de la citation qu'à la seule valeur expressive des mots. Mais il pourrait s'agir aussi d'une ruse de sa part, calculée pour obliger des autorités opposées les unes aux autres à un accord commun avec ses propres opinions. Ce procédé citationnel, sans doute plus humoristique qu'ironique, mettait donc Montaigne en état, caractéristiquement, d'alléguer mêmes des opinions qu'il ne partageait pas, tout en ayant l'air de les approuver. Il est difficile d'imaginer une méthode plus subtile de réfuter un auteur!

Lucrèce admire comment les progrès du genre humain font succéder ses découvertes les unes aux autres :

> Posteriorque fere melior res illa reperta
> Perdit, et immutat sensus ad pristina quaeque.
> [5. 141]
>
> [Le plus souvent une nouvelle et meilleure découverte détrône les anciennes et changent nos sentiments à leur égard]

L'argument de Montaigne, en revanche, c'est que notre jugement est naturellement capricieux :

> Combien diversement jugeons-nous des choses ? Combien de fois changeons-nous nos fantaisies ? (2. 12. 563A).

Nos anciennes opinions cèdent toujours la place à de nouvelles :

> posterior res illa reperta
> perdit, et immutat sensus ad pristina quaeque.[2]
>
> [La dernière nous dégoûte des premières et les discrédite dans notre esprit]

---

1 D'un esprit taquin, Montaigne attire le lecteur inattentif dans bien d'autres pièges : "Je veux qu'ils donnent une nasarde à Plutarque sur mon nez, et qu'ils s'échaudent à injurier Sénèque en moi" (2. 10. 408C). Voir plus haut, p. 83).

2 [C'est en omettant les mots "fere melior" ("le plus souvent une nouvelle et meilleure découverte, etc."), et en supprimant leur message laudatif, que Montaigne détourne le distique de Lucrèce de son sens originel. *JB*]

Le choix d'exemples qui suit illustre encore la manière dont Montaigne s'y prend pour contredire l'auteur du livre *De la nature*. Selon Lucrèce, toute connaissance rationnelle est tributaire d'une perception sensorielle. Lorsque nos perceptions sont trompeuses, les jugements de notre raison sont, par la force des choses, eux aussi fallacieux. Lucrèce présente cet aperçu sous la forme d'un parallélisme à portée hypothétique ("ut [...] necessum est [...] sic necesse est") :

> Denique ut in fabrica, si prava est regula prima,
> Normaque si fallax rectis regionibus exit,
> Et libella aliqua si ex parte claudicat hilum,
> Omnia mendose fieri atque obstipa necessum est,
> Prava cubantia, prona, supina, atque absona tecta,
> Jam ruere ut quaedam videantur velle, ruantque
> Prodita judiciis fallacibus omnia primis.
> Sic igitur ratio tibi rerum prava necesse est
> Falsaque sit, falsis quaecumque a sensibus orta est.
> [4. 514][1]
>
> [Ainsi, enfin, dans la construction d'un édifice, si, dès le début, on se sert d'une règle fausse, si l'équerre est trompeuse et s'écarte de la direction perpendiculaire, si le niveau boite un peu de quelque côté, tout le bâtiment est nécessairement vicié et de travers, difforme, ventru, penchant en avant, en arrière, disloqué, et déjà certaines parties semblent prêtes à s'écrouler, et tout s'écroule, en effet, pour avoir été trahi par l'erreur des premiers calculs. Ainsi, tout raisonnement que tu feras sur les faits se trouvera inexact et faux s'il repose sur des sens trompeurs]
> (2. 12. 600A)

Puisque les perceptions sensorielles, à l'avis de Montaigne, peuvent nous tromper, il conclut de là que même les connaissances rationnelles qui en dépendent manquent de certitude. Arrachée à son contexte, la citation de Lucrèce ci-dessus risque d'être

1 Le contexte lucrétien est dominé par la réflexion : "Quid maiore fide porro quam sensus haberi/Debet ? " (4. 482-83) [Or, quel témoignage est plus digne de foi que celui des sens ?]. Voir aussi le commentaire de Güthling sur *De la nature* 4. 520-21 : "Nous ne saurions porter un jugement correct sur aucune matière, tant que nous serons privés du faible appui des sens" (p. 30).

dépouillée de son sens hypothétique ; Montaigne l'introduit dans son texte avec la phrase suivante :

> L'incertitude de nos sens rend incertain tout ce qu'ils produisent. (2. 12. 600A)[1]

Considérons maintenant la citation à image, cas spécial de la citation figurée. Il faut distinguer ici entre deux sortes de citations : celles que Montaigne emprunte à des textes anciens où elles sont déjà affectées à une application figurée, et celles qu'il enrichit lui-même d'une fonction métaphorique.

Dans l'original, les vers

> Spumantemque dari pecora inter inertia votis
> Optat aprum, aut fulvum descendere monte leonem,
> [Virg. *Én.* 4. 158]
> [Parmi ses troupeaux timides, il appelle de ses voeux quelque sanglier écumant, ou un lion fauve qui descende de la montagne]

sont à prendre au pied de la lettre : Ascanius veut ajouter à son tableau de chasse un sanglier ou un lion. Sénèque (64. 4) consent à ces deux vers de Virgile un sens moral, en les appliquant aux Stoïciens qui recherchent les douleurs et les peines afin de mieux mettre leur constance à l'épreuve. Faisant suite à Sénèque, Montaigne cite ces vers dans le même sens métaphorique que lui, mais dans le but de se distancier aussitôt du comportement stoïque dont il s'agit. Car juste après la citation, il ajoute la réflexion suivante :

> [...] qui ne juge que ce sont boutées d'un courage élancé hors de son gîte ? (2. 2. 347A)

Indépendamment de tout modèle ancien, Montaigne emprunte l'expression "Excursusque breves tentat" [Les courses qu'il tente sont courtes], à la description virgilienne des premiers vols d'un

---

1 Sur les citations lucrétiennes de Montaigne, voir Gracey, p. 73ss. [ainsi que les études de Ferreyrolles et Hendrick. *JB*.]. Il arrive à Montaigne, on le sait, de citer d'autres auteurs en contre-sens ; sur son allégation du quatrième vers de l'*Art poétique* d'Horace, voir plus haut, p. 101.

oisillon (*Géorg*. 4. 194), pour caractériser le talent poétique de l'Arioste. Tandis que Virgile plane à tire-d'aile, comme un aiglon, l'Arioste volète de branche en branche comme un petit oiseau qui en est toujours à ses premiers essais (2. 10. 412A).

Il arrive aussi à Montaigne d'appliquer une image conçue par un auteur ancien à un nouvel objet. Virgile, par exemple, compare la guerre à une mer orageuse :

> Fluctus uti primo coepit cum albescere ponto,
> Paulatim sese tollit mare, et altius undas
> Erigit, inde imo consurgit ad aethera fundo.
> [*Én*. 7. 528]
>
> [De même, sous le premier souffle du vent, la mer blanchit, puis, peu à peu, s'enfle, soulève ses ondes et bientôt se dresse du fond de l'abîme jusqu'au ciel]
>
> (3. 13. 1074B)

Montaigne, quant à lui, emploie ce passage pour parler de la turbulence des passions humaines.

La question de la "citation figurée" mène de fil en aiguille à des problèmes annexes de linguistique et d'herméneutique. Montaigne sait bien qu'il n'est pas possible de reprendre des énoncés oraux ou écrits tels quels, sans songer à les modifier :

> Les paroles redites ont, comme autre son, autre sens. (3. 12. 1063B)

Il n'est pas possible non plus de reproduire une pensée en maintenant une conformité totale avec son sens originel.

Chaque pensée baigne dans un chatoiement polysémique, et admet des interprétations plurielles, contradictoires :

> Jamais deux hommes ne jugèrent pareillement de même chose, et est impossible de voir deux opinions semblables exactement. (3. 13. 1067B)

Les commentaires eux-mêmes donnent lieu à d'autres commentaires :

> Il y a plus affaire à interpréter les interprétations qu'à interpréter les choses. (3. 13. 1069B)

L'interprétation savante repose sur la notion erronée qu'il est possible de se rapprocher progressivement d'un but éventuel de clarté et de certitude définitives.

Mais, en réalité, nous ne faisons que tourner en rond.

> Trouvons-nous pourtant quelque fin au besoin d'interpréter ? s'y voit-il quelque progrès et avancement vers la tranquillité ? [...] Les hommes méconnaissent la maladie naturelle de leur esprit : il ne fait que fureter et quêter, et va sans cesse tournoyant, bâtissant et s'empêtrant en sa besogne, comme nos vers de soie, et s'y étouffe. (3. 13. 1068B)
>
> [...] tant d'interprétations dissipent la vérité et la rompent (3. 13. 1067B)

A partir de cette critique, l'auteur des *Essais* développe ses propres vues sur le problème de l'interprétation.

Les mots contiennent bien davantage qu'une simple signification sémantique :

> [...] le sens éclaire et produit les paroles [...] (C) elles signifient plus qu'elles ne disent. (3. 5. 873BC)

La portée expressive des mots dépasse de loin les intentions de leur auteur. Le lecteur qui sait extraire d'un texte les sens non prévus par l'auteur, s'ouvre un accès supplémentaire à la multiplicité de significations que peuvent recéler les mots :

> J'ai lu en Tite-Live cent choses que tel n'y a pas lu. Plutarque en a lu cent, outre ce que j'y ai su lire, et, à l'aventure, outre ce que l'auteur y avait mis. (1. 26. 156C)
>
> Il échappe parfois des traits de la main du peintre, surpassant sa conception et sa science, qui le tirent lui-même en admiration, et qui l'étonnent. Mais la fortune montre bien encore plus évidemment la part qu'elle a en tous ces ouvrages, par les grâces et beautés qui s'y trouvent, non seulement sans l'intention, mais sans la connaissance même de l'ouvrier. Un suffisant lecteur découvre souvent ès écrits d'autrui des perfections autres que celles que l'auteur y a mises et aperçues et y prête des sens et des visages plus riches. (1. 24. 127A)[1]

---

1 Montaigne adopte une attitude analogue face aux récits et anecdotes légués par les Anciens. Si tel événement a seulement pu se produire, il lui reconnaît la même valeur qu'aux exemples soi-disant "réels" confirmés par des témoins oculaires. En d'autres termes, il met les choses qui auraient pu s'accomplir sur un pied d'égalité avec celles qui se sont réellement accomplies. Montaigne, qui ne se lasse jamais d'accumuler des exemples tirés de sa propre expérience et ses propres

Montaigne s'arroge le droit d'interpréter librement les textes. (Mais comment établir des limites claires entre l'interprétation scientifique et la liberté d'interprétation consentie aux artistes ?) Mettant à contribution les propriétés inhérentes de la langue, il parvient, moyennant une nouvelle interprétation de telle pensée, à un niveau de connaissance qui, normalement, lui serait resté inaccessible. L'interprétation libre lui ménage une approche littéraire de la vérité et met à sa disposition, avec la "citation figurée", une abondance de possibilités d'expression poétiques.

L'exemple suivant illustre à la perfection le jeu artistique que peut comporter le procédé citationnel de Montaigne :

> Nous avons monté l'excès de cette fièvre [celle de la jalousie] à l'exemple d'aucunes nations barbares ; les mieux disciplinées en ont été touchées, c'est raison, mais non pas transportées :
>
> *Ense maritali nemo confossus adulter*
> *Purpureo stygias sanguine tinxit aquas.*
>
> [J. Second, *Elég*. 1. 7. 71]
>
> [Aucun adultère, percé de l'épée d'un mari, n'a rougi de son sang les eaux du Styx]
>
> Lucullus, César, Pompée, Marc-Antoine, Caton et tant d'autres braves hommes furent cocus, et le surent sans en exciter tumulte. Il n'y eut, en ce temps-là, qu'un sot de Lépide qui en mourut d'angoisse.
>
> *Ah! tum te miserum malique fati,*
> *Quem attractis pedibus, patente porta,*
> *Percurrunt mugilesque raphanique.*
>
> [Catulle 15. 17]
>
> [Ah! malheureux, victime d'un malheureux destin, on te fera passer la porte en te tirant par les pieds, et tu iras nourrir les muges et engraisser les raves]
>
> Et le Dieu de notre poète [Virgile], quand il surprit avec sa femme l'un de ses compagnons, se contenta de leur en faire honte,
>
> *Atque aliquis de Diis non tristibus optat*

---

réflexions, rajoute ainsi à son anthropologie descriptive un énorme et abondant matériel, dénié à l'"anthropologie savante" : "Aussi en l'étude que je traite de nos mœurs et mouvements, les témoignages fabuleux pourvu qu'ils soient possibles, y servent comme les vrais. Advenu ou non advenu, à Paris ou à Rome, à Jean ou à Pierre, c'est toujours un tour de l'humaine capacité, duquel je suis utilement avisé par ce récit" (1. 21. 105C).

Sic fieri turpis ;

[Ovide, *Mét.* 4. 187]

[Et l'un des dieux, non des plus austères, souhaite être exposé à un tel déshonneur]

et ne laisse pourtant pas de s'échauffer des douces caresses qu'elle lui offre, se plaignant qu'elle soit par cela entrée en défiance de son affection :

Quid causas petis ex alto, fiducia cessit
Quod tibi, diva, mei ?

[Virg. *Én.* 8. 395]

[Pourquoi chercher des raisons si loin ? Qu'est devenue, déesse, ta confiance en moi ?]

Voire elle lui fait requête pour un sien bâtard,

Arma rogo genitrix nato,

[*Ibid.* 8. 383]

[C'est une mère qui demande des armes pour son fils]

qui lui est libéralement accordée ; et parle Vulcain d'Énée avec honneur,

Arma acri facienda viro.

[*Ibid.* 8. 441]

[Il s'agit de fabriquer des armes pour un homme de valeur]

D'une humanité à la verité plus qu'humaine! Et cet excès de bonté, je consens qu'on le quitte aux Dieux :

nec divis homines componier aequum est.

[Catulle 68. 141]

[Et il n'est pas juste de comparer les hommes aux dieux]

Quant à la confusion des enfants, (C) outre ce que les plus graves législateurs l'ordonnent et l'affectent en leurs républiques, elle ne touche pas les femmes, où cette passion est, je ne sais comment, encore mieux en son siège :

Saepe etiam Juno, maxima coelicolum,
Conjugis in culpa flagravit quotidiana.

(*Ibid.* 68. 138)

[Souvent même Junon, la reine des dieux, a brûlé de jalousie à l'occasion des fautes quotidiennes de son mari]

(3. 5. 863-865BC)

Quelle légèreté, quelle aisance rayonnent de ce texte en dépit de ses nombreuses citations! Rien dc commun avec un auteur surchargé de culture antique. C'est comme un jet continu de courtes citations qui s'écoule. Montaigne met en scène ici un dialogue à voix multiples sur les thèmes de l'adultère et de la rivalité entre les hommes et les dieux, au cours duquel Virgile, Catulle, Ovide, et un poète moderne seront mis à contribution.

Le point culminant de ce débat est l'échange entre Vénus et Vulcain. Le dieu du Feu, ayant surpris son épouse une fois dans les bras de Mars, s'est contenté de dénoncer leur honte devant toute l'assemblée des divinités. Mais Vénus devait accorder ses faveurs à encore d'autres dieux et héros ; c'est avec Anchise qu'elle conçut Enée. Et la voilà maintenant qui supplie le mari qu'elle a trompé de forger des armes pour Enée : "Arma rogo genetrix nato". Tout en condamnant l'infidélité de Vénus – "Quid causas petis ex alto, fiducia cessit/ Quod tibi diva, mei ? " – il succombe à ses caresses et, par une montre surhumaine d'indulgence, se plie à sa demande : "Arma acri facienda viro". Montaigne se passe volontiers du soutien qu'apporte la citation à ses propres opinions, mais il ne saurait guère s'en passer, paradoxalement, comme moyen d'expression artistique.

A l'encontre de celles de Rabelais, les citations de Montaigne n'arrivent pas jusqu'à produire l'ambiance séduisante du comique.[1] Pourtant, l'aura d'humour et de bel esprit, qui est si caractéristique du discours de Montaigne, est perceptible aussi dans ses citations.

Que ce soit à un niveau spirituel ou intellectuel, les citations poétiques, de par leur configuration linguistique et artistique, ne

---

1 Les anecdotes spirituelles ne manquent pas dans les *Essais* (Friedrich, p. 181-182), mais Montaigne n'emploie qu'une seule fois une citation (*Psaumes* 113. 1) à une fin comique, et cela seulement dans le cadre d'une anecdote : "Un conseiller de ma connaissance, ayant dégorgé une batelée de paragraphes d'une extrème contention et pareille ineptie, s'étant retiré de la chambre du conseil au pissoir du palais, fut ouï marmottant entre les dents tout consciencieusement : «Non nobis, Domine, non nobis, sed nomini tuo da gloriam»" [Ce n'est pas à nous, mais à ton nom qu'il en faut rapporter la gloire.] (3. 10. 1022B). Pour des exemples de citations à but humoristique chez Rabelais, voir Meyer, p. 28-53. [Voir aussi l'ouvrage de Samaras sur les procédés et les effets comiques dans l'écriture de Montaigne. *JB*].

sont jamais sans apporter aux *Essais* une dimension lyrique. La vie même de l'essai en tant que forme est fondée sur une connivence, chargée de tensions, entre le lyrique et l'intellectuel.

Les citations en vers renforcent la part du lyrisme dans le livre de Montaigne. A partir d'un recueil de citations sur le mode humaniste s'est développée une anthologie littéraire à dominante lyrique. Le monde des Anciens qui se laissait entrevoir sous les citations, se concentre dès lors dans l'élément lyrique. A l'intérieur de sa propre œuvre, Montaigne crée des conditions propres à réaliser et à mettre intégralement en lumière les qualités poétiques de fragments empruntés aux œuvres d'autres auteurs.

Souvent entièrement détachées de leur sens originel, les citations peuvent se présenter sous un jour étonnamment nouveau. Montaigne ne croyait jamais trahir son original en se permettant d'en altérer le sens. Au contraire, les changements qu'il y opérait étaient d'autant plus délibérés qu'il prenait un plaisir positif à donner un tour nouveau à ses sources. Par son procédé citationnel, Montaigne engageait un commerce créatif avec les œuvres des Anciens, envers qui il ressentait une profonde dette de gratitude. Montaigne était ravi par la possibilité d'enrichir les *Essais* d'un nouveau contenu, à force de réinterpréter un matériel linguistique traditionnel ; il était non moins fasciné par la perspective de pouvoir rehausser le lustre de son propre livre, en y transplantant des spécimens d'œuvres poétiques de haute volée. Si Montaigne s'était intéressé exclusivement au contenu intellectuel du passage emprunté, il aurait facilement pu en sacrifier la forme et le traduire tout simplement en prose française. Ce qui pourrait expliquer pourquoi les *Essais*, comparés aux œuvres en prose contemporaines, contiennent une proportion si exceptionnellement élevée de citations textuelles en langue originale.

Mirabeau fut le premier, semble-t-il, à avoir prisé à sa juste valeur l'aspect esthétique des citations de Montaigne :

> [...] citer mal c'est à mourir ; mais citer bien, c'est divin ; Montaigne, c'est tout dire, doit une partie de ses beautés à ses citations.[1]

On doit à Valery Larbaud la plus belle appréciation, parmi les auteurs modernes, de l'art de citer de Montaigne :

> Il y a un art de la citation, et chez nous Montaigne semble le posséder au suprême degré : cela se reconnaît au fait qu'on n'en voudrait supprimer aucune, à tel point texte et citations se commentent et s'éclairent mutuellement, et s'additionnent.
>
> Une citation bien choisie enrichit et éclaire le paragraphe où elle paraît comme un rayon de soleil enrichit un paysage : les rayons des fins d'après-midi dessinant, précisant, embellissant même des paysages nus et monotones comme les monts de l'Épire vus de la mer ou de la baie de Corfou. Le fait même que cela, ce vers, cette phrase entre guillemets vient d'ailleurs, élargit l'horizon intellectuel que je trace autour du lecteur. C'est un appel ou un rappel, une communication établie : toute la Poésie, tout le trésor de la littérature évoqués brièvement, mis en relation avec mon ouvrage dans la pensée de celui qui lit. Même pays. "In no strange land". ("Des citations", p. 248ss).

1 Lettre à Vauvenargues du 7 sept 1739 (Vauvenargues, t. 2, p. 158). En plus de Pasquier et Malebranche (voir plus haut, p. 115, 119), Diderot aussi s'est exprimé sur les citations de Montaigne : "Montaigne qui parlait la langue des Anciens comme la sienne et dont les citations sans nombre montrent combien la lecture lui en était familière, s'entendait en style et en bonne logique" ("Essai", p. 235) ; Voltaire de même : "Quelle injustice criante de dire que Montaigne n'a fait qu'imiter les Anciens! il les cite à propos, et c'est ce que les commentateurs ne font pas. Il pense et ces messieurs ne pensent pas. Il appuie ses pensées de celles des grands hommes de l'antiquité ; il les juge, il les combat, il converse avec eux, avec son lecteur, avec lui-même ; toujours original dans la manière dont il présenta les objets, toujours plein d'imagination, toujours peintre, et ce que j'aime, toujours sachant douter" (p. 446). Sur les fortunes de la citation depuis la Renaissance, il faut aussi prendre en ligne de compte les références suivantes : Malebranche, 2. 2. 3 et 4, 4. 8. 3, 2. 3. 5 ; La Bruyère, *Des jugements,* no 64 ; Bouhours, p. 208ss. Voir aussi le prologue de Cervantes au *Don Quichotte*, Gracián, discours 34, l'article "Citation" de l'*Encyclopédie*, et les "Réflexions sur l'écriture" de Schopenhauer.

OUVRAGES CITÉS

Adorno, Theodor (Wiesengrund), "Der Essay als Form", *Noten zur Literatur*, Francfort, 1958, t. 1, p. 9-49.

Andrieu, J., "Procédés de citation et de raccord", *Revue des Etudes Latines* 26 (1948), 268-293.

Aretino, *voir* Bruni

Aristote, *Politique*, éd. et trad. Jean Aubonnet, Paris, 1989.

——. *Rhétorique*, éd. et trad. M. Dufour et A. Wartelle, Paris, 1980.

Atkins, J. W. H., *Literary Criticism in Antiquity*, Londres, 1952.

Atkinson, Geoffroy, "La forme de l'essai avant Montaigne", *Bibliothèque d'Humanisme et Renaissance* 8 (1946), 129-136.

Auerbach, Erich, "Der Schriftsteller Montaigne", *Germanisch-Romanisch Monatsschrift*, 20 (1932), 39-53.

——. "L'Humaine condition", *Mimesis : la représentation de la réalité dans la littérature occidentale*, trad. C. Heim, Paris, 1969, p. 287-313.

Augustin, *La Cité de Dieu*, éd. et trad. Pierre de Labriolle et Jacques Perret. Paris, 1957.

Babilas, Wolfgang, *Tradition und Interpretation*, Munich, 1961.

Bady, René, "Un Concours de poésie dans les *Essais* (1. 37)" *Lettres d'Humanité. Supplément au Bulletin de l'Association Guillaume Budé* 18 (1959), 527-534.

Baldensperger, Fernand et Werner Friederich. *A Bibliography of Comparative Literature*. Chapel Hill, 1950.

Baraz, M., "Sur la structure d'un essai de Montaigne (3. 13)", *Bibliothèque d'humanisme et renaissance* 23 (1961), 265-281.

Baron, Hans, *The Crisis of the Early Italian Renaissance : Civic Humanism and Republican Liberty in an Age of Classicism and Tyranny*, Princeton, 1955.

——. *Humanistic and Political Literature in Florence and Venice at the Beginning of the Quattrocento*, Cambridge, 1955.

Bense, Max, "Über den Essay und seine Prosa", *Merkur* 1 (1947, Heft 3), 414-424.

Berthiaume, André, "Pratique de la citation dans les *Essais* de Montaigne", *Renaissance et réforme* ns 18 (1984, no. 2), 91-105.

Bilanovich, Giuseppe, *Petrarca letterato*, Rome, 1947.

Birt, Theodor, *Das antike Buchwesen in seinem Verhältnis zur Literatur*, Berlin, 1882.

Bolgar, R. R., *The Classical Heritage and its Beneficiaries*, Cambridge, 1958.

Bonner, S. F., *Roman Declamation in the Late Republic and Early Empire*, Los Angeles, 1949.

Bouhours, Dominique, *Les Entretiens d'Ariste et d'Eugène*, Amsterdam, 1708.

Borinski, Karl, *Die Poetik der Renaissance und die Anfänge der literarischen Kritik in Deutschland*, Berlin, 1886.

Borucki, Josephus, *Seneca philosophus quam habeat auctoritatem in aliorum scriptorum locis afferendis*, Leipzig, 1926.

Bosco, Umberto, *Francesco Petrarca*, 2e éd., Bari, 1961.

Bourgery, Abel, *Sénèque prosateur : études littéraires et grammaticales sur la prose de Sénèque le philosophe*, Paris, 1922.

Brody, Jules, *Lectures de Montaigne*, Lexington, 1982.

——. *Nouvelles lectures de Montaigne*, Paris, 1994.

Brousseau-Beuermann, Christine, *La Copie de Montaigne : étude sur les citations dans les "Essais"*, Paris, 1989.

Bruni, Leonardo, *dit* Aretino, "De studiis et litteris liber", *Humanistisch-philosophische Schriften*, éd. Hans Baron. Berlin/Leipzig, 1928, p. 5-19.

——. "De interpretatione recta", *ibid.*, p. 81-96.

——. "Prooemium in Commentaria primi belli Punici", *ibid.*, p. 122-123.

——. Lettre du 24 nov. 1438, *ibid.*, p. 143.

Bruns, Gerald L. "What is Tradition ? ", *New Literary History* 22 (1991), 4-7.

Brusonius, Domitius, *Facetiarum exemplorumque libri VII* [Rome, 1518] in *Speculum mundi in quo per serias facetasque narratiunculas tota humana vita graphice exprimitur*, Lyon, 1658,

Büchmann, Georg, *Geflügelte Worte*, éd. W. Heichen, Berlin, s. d.

Buck, August, *Italienische Dichtungslehren : vom Mittelalter bis zum Ausgang der Renaissance*, Beiheft zur *Zeitschrift für Romanische Philologie* 94 (1952), 7-204.

——. "Italienischer Humanismus", *Archiv für Kulturgeschichte* 37 (1955), 105-122 ; 41 (1959), 107-132.

Busson, Henri, *Le Rationalisme dans la littérature française de la Renaissance*, 2e éd., Paris, 1957.

Camus, Jean-Pierre, *Les Diversités*, Paris, 1613, t. 8.

Cassirer, Ernst, *Individuum und Kosmos in der Philosophie der Renaissance*, Leipzig/Berlin, 1927.

Chamfort, Nicolas, *Maximes et pensées*, Paris, 1928.

Cicéron, *Brutus*, éd. et trad. Jules Martha, Paris, 1931.

——. *De l'invention*, éd. et trad. Henri Bornecque, Paris, s. d.

——. *De l'orateur*, éd. et trad. Edmond Courbaud, Paris, 1950.

——. *L'Orateur : du meilleur genre des orateurs*, éd. et trad. Henri Bornecque, Paris, 1921.

——. *Pour le poète Archias [Pro Archia]*, éd. et trad. Félix Gaffiot, in *Discours*, t. 12, Paris, 1989.

——. *Tusculanes*, éd. Georges Fohlen et trad. Jules Humbert, Paris, 1931.

Campion, Edmund J., "*De copia* : Classical Learning and Epideictic Rhetoric in Montaigne's *Essais*", *Fifteenth-Century Studies* 1981, p. 47-60.

Coffin, Harrison C. "Vergil and Orosius", *Classical Journal* 31 (1935-36), 235-248.

Compagnon, Antoine, *La Seconde main, ou le travail de la citation*, Paris, 1978.

Consoli, Santi, "Reminiscenze virgiliane nelle prose di L. Anneo Seneca", *Rivista di filologia* 49 (1921), 456-467.

Coppin, Abbé, *Montaigne traducteur de Sebon*, Lille, 1925.

——. *Étude sur la grammaire et le vocabulaire de Montaigne d'après les variantes des "Essais"*, Lille, *1925*.

Curtius, Ernst-Robert, "*Sententiae et exempla*" (ch. 3, § 7), "Système de la rhétorique antique" (ch. 4, § 3), "Poésie et prose" (ch. 8, § 2), *La Littérature européenne et le moyen âge latin*, trad. Jean Bréjoux, Paris, 1956.

Dahlmann, Hellfried, compte rendu de Skard, Elio, *Ennius und Sallustius : eine sprachliche Untersuchung*, in *Gnomon* 11 (1935), 312-316.

D'Alton, John Francis, *Roman Literary Theory and Criticism : a Study in Tendencies*, New York, 1962.

Defaux, Gérard, "Montaigne et la rhétorique de l'indicible : l'exemple *De la tristesse*", *Bibliothèque d'humanisme et renaissance* 1993, p. 5-24.

Delègue, Yves, "Du paradoxe chez Montaigne", *Cahiers de l'Association internationale des études françaises* 14 (1962), 241-253.

De Sanctis, Francesco, *Saggio critico sul Petrarca*, Naples, 1954.

Des Places, Edouard, "Citations et paraphrases de poètes chez Démosthène et Platon" in *Mélanges offerts à O. Navarre*, Toulouse, 1935, p. 129-137.

——. *Pindare et Platon*, Paris, 1949.

Dexel, Franz, *Des Prudentius Verhältnis zu Vergil*, Erlangen, 1907.

Diderot, Denis, "Essai sur les règnes de Claude et de Néron", *Œuvres complètes*, Paris, 1875-1877, t. 2, p. 15-407.

——. "Citation de droit", *Encyclopédie*, Paris, Briasson, 1753, t. 3, p. 484-485.

Dotti, Ugo, *La città del uomo : l'umanesimo da Petrarca a Montaigne*, Rome, 1992.

Dréano, Maturin, "Citations latines de Montaigne", *Bulletin de la Société des amis de Montaigne* 18 (janv. -juin 1956), 46-51.

Du Bellay, Joachim, *Défense et illustration de la langue française*, éd. Henri Chamard, Genève, 1948.

Dziatzko, Karl, "Autor- und Verlagsrecht im Alterthum", *Rheinisches Museum* 49 (1894), 559-576.

Eickert, Carl Heinz, *Die Anekdote bei Montaigne*, Erlangen, 1937.

Emerson, Ralph Waldo, "Quotation and Originality" in "Letters and Social Aims", *Works*, éd. George Sampson, Londres, 1906, t. 3, p. 273-288.

Eppelsheimer, Hanns Wilhelm, *Petrarca*, Bonn, 1926.

Érasme, Désirée, *Opera omnia*, éd. Jean Leclerc, Leyde, 1703 (réimpression : Hildesheim, 1961).

——. *Éloge de la folie*, trad. Pierre de Nolhac, Paris, Garnier, 1953.

Étiemble, René, "Sens et structure dans un «essai» de Montaigne (3. 6)", *Cahiers de l'Association internationale des études françaises*, 14 (1962), 263-274.

Ferreyrolles, Gérard, "Les Citations de Lucrèce dans l'*Apologie de Raymond Sebond*", *Bulletin de la Société des amis de Montaigne* 1976, p. 49-63.

Feuillâtre, Émile, "Les Emprunts de Montaigne à Herodote dans l'*Apologie de Raymond Sebond*" in *Université de Poitiers : Mélanges litteraires et historiques*, Poitiers, 1946, p. 246-258.

Fischer, Herbert, *Die literarische Form des Essays und seine besondere geistesgeschichtlich Bedeutung*, Munich, 1950.

Forestier, Hubert, "Montaigne et la loi de l'opposition de la réaction à l'action", *Bibliothèque d'humanisme et renaissance* 4 (1937), 285-295.

Frame, Donald, *Montaigne's Discovery of man : the Humanization of a Humanist*, New York, 1955.

Framm, Hans, *Quomodo oratores Attici sententiis usi sint*, Leipzig, 1912.

Franz, Arthur, "Dante zitiert", *Deutsches Dante Jahrbuch* 28 (1949), 16-64 ; 29/30 (1951), 41-105.

Friedrich, Hugo, *Montaigne*, trad. Robert Rovini, Paris, 1968.

Fuhrmann, Manfred, *Das systematische Lehrbuch : ein Beitrag zur Geschichte der Wissenschaften in der Antike*, Göttingen, 1960.

Fusil, C. A., "Montaigne et Lucrèce", *Revue du seizième siècle* 13 (1926), 265-281.

——. "La Renaissance de Lucrèce au seizième siècle", *Revue du seizième siècle* 15 (1928), 134-150.

Garin, Eugenio, *La Cultura filosofica del rinascimento italiano : ricerche e documenti*, Florence, 1961.

——. *L'Umanesimo italiano*, Bari, 1952.

——. éd. *Prosatori latini del quattrocento*, Milan, 1952.

Die Geschichte der Textüberlieferung, Zurich, 1961.

Gide, André, éd., *Les Pages immortelles de Montaigne*, Paris, 1939.

Giustiniani, Vito R., "Zitat und literarische Anspielung in der modernen italienischen Lyrik", in *Ideen und Formen : Festschrift für Hugo Friedrich*, éd. Fritz Schalk, Francfort, 1965, p. 105-142.

Gmelin, Hermann, "Das Prinzip der Imitatio in den romanischen Literaturen der Renaissance", *Romanische Forschungen* 46 (1932), 83-360.

Gracey, Phyllis, *Montaigne et la poésie*, Paris, 1935.

Gray, Floyd, *Le Style de Montaigne*, Paris, 1958.

——. *Montaigne bilingue : le latin des "Essais"*, Paris, 1991.

Guhrauer, G. E., *Das Heptaplomeres des Jean Bodin*, Berlin, 1841.

Güthling, Otto, éd. Lucrèce, *Von der Natur der Dinge*, trad. K. L von Knebel, Leipzig, s. d.

Hagendahl, Harald, "Methods of Citation in Post-Classical Latin Prose", *Eranos* 45 (1947), 114-128.

——. *Latin Fathers and the Classics : a Study of the Apologists, Jerome and Other Christian Writers*, Göteborg, 1958.

Hatzfeld, Helmut, "Per una definizione dello stile di Montaigne", *Convivium* (mai-juin 1954), 284-290.

Haury, Auguste, *L'Ironie et l'humour chez Cicéron*, Leyde, 1955.

Hay, Camilla Hill, *Montaigne lecteur et imitateur de Sénèque*, Poitiers, 1938.

Heitmann, Klaus, *Fortuna und Virtus : eine Studie zu Petrarcas Lebensweisheit*, Cologne/Graz, 1958.

Hendrick, Philip J., "Lucretius in the *Apologie de Raymond Sebond*", *Bibliothèque d'humanisme et renaissance* 37 (1975), 457-466.

Hensel, Paul, "Montaigne und die Antike" in *Vorträge der Bibliothek Warburg*, éd. Fritz Saxl, Leipzig/Berlin 1928, p. 67-94.

Herrick, Marvin T. "The Place of Rhetoric in Poetic Theory", *Quarterly Journal of Speech* 34 (1948), 1-22.

Highet, Gilbert, *The Classical Tradition : Greek and Roman Influences on Western Literature*, Oxford, 1949.

Horace, *Art poétique*. Voir *Epîtres*.

——. *Epîtres*, éd. et trad. François Villeneuve, Paris, 1955.

——. *Odes et épodes*, éd. et trad. François Villeneuve, Paris, 1990.

——. *Satires*, éd. et trad. François Villeneuve, Paris, 1969.

Horna, Konstantin, "Gnome" in *Pauly's Realencyclopädie*, Supplément, t. 6, col. 74-87.

Householder, F. W., *Literary Quotation and Allusion in Lucian*, New York, 1941.

Howind, Edgar, *De ratione citandi in Ciceronis, Plutarchi, Senecae, Novi Testamenti scriptis obvia*, Marburg, 1921.

Huizinga, Johan, *Europäischer Humanismus : Erasmus*, trad. Werner Kaegi, Hamburg, 1958.

Jasinski, René, "Sur la composition chez Montaigne" in *Mélanges d'histoire littéraire de la renaissance offerts à Henri Chamard*, Paris, 1951, p. 257-267.

Jérôme, saint, *Lettre à Chromatius*, Bâle, 1537.

Jensch, Fritz, *Wilhelm Raabes Zitatenschatz*, Wolfenbüttel, 1925.

Jolles, André, *Einfache Formen*, Tübingen, 1958.

Joukovsky, Françoise. "Qui parle dans le livre III des *Essais ?*" *Revue d'histoire littéraire de la France* 88 (1988), 813-827.

Juste-Lipse, *Opera omnia*, Wesel, 1675.

Juvénal, *Satires*, éd. et trad. Pierre de Labriolle et François Villeneuve, Paris, 1983.

Kinney, Daniel, "Erasmus' *Adagia* : Midwife to the Rebirth of Learning", *Journal of Medieval and Renaissance Studies* 11 (1981), 169-192.

Knauer, Georg Nikolaus, *Psalmenzitate in Augustins Konfessionen*, Hamburg, 1955.

Knös, Börje, "Les Citations grecques de Montaigne", *Eranos* 44 (1946), 460-483.

Körting, Gustav, *Petrarca's Leben und Werke*, Leipzig, 1878.

——. *Boccaccio's Leben und Werke*, Leipzig, 1880.

Kornhardt, Hildegard, *Das Exemplum : eine Bedeutungsgeschichtliche Studie*, Göttingen, 1936.

Krause, Wilhelm, "Versuch einer allgemeinen Theorie des Zitats" in *Die Stellung der frühchristlichen Autoren zur heidnischen Literatur*, Vienne, 1958, p. 51-58.

Kristeller, Paul Oskar, *The Classics and Renaissance Thought*, Cambridge, 1955.

——. *Studies in Renaissance Thought and Letters*, Rome, 1956.

——. *Iter Italicum : a Finding List of Uncatalogued or Incompletely Catalogued Humanistic Manuscripts of the*

Renaissance in Italian and Other Libraries, Londres/Leyde, 1963.

Kroll, Wilhelm, *Studien zum Verständnis der römischen Literatur*, Stuttgart, 1964.

La Bruyère, *Caractères*, éd. Robert Garapon, Paris, 1962.

La Drière, Craig, "Horace and the Theory of Imitation", *American Journal of Philology* 1939, p. 288-300.

Lanson, Gustave, *L'Art de la prose*, Paris, 1911.

Larbaud, Valery. "Des citations" in "Sous l'invocation de saint Jérôme", *Œuvres complètes*, Paris, 1953, t. 8, p. 246-251.

——. "Pour l'inauguration d'une nouvelle ligne", *ibid.* t. 8, p. 283-299.

La Sale, Antoine de, *Jehan de Saintré*, éd. Jean Misrahi et Charles Knudson, Genève, 1965.

Lausberg, Heinrich, *Handbuch der Rhetorik : eine Grundlegung der Literaturwissenschaft*, Munich, 1960.

——. *Elemente der literarischen Rhetorik*, Munich, 1963.

Leake, Roy E., comp., *Concordance des "Essais" de Montaigne*, Genève, 1981.

Lenzen, Hubert, *Senecas Dialog "De brevitate vitae"*, Leipzig, 1937.

Loos, Erich, *Baldessare Castigliones "Libro del Cortegiano" : Studien zur Tugendauffassung des Cinquecento*, Francfort, 1955.

Lucrèce, *De la nature*, éd. et trad. Alfred Ernout, Paris, 1985.

Lukács, Gyorgy. "A propos de l'essence et de la forme de l'essai", *L'Ame et les formes*, trad. Guy Haarscher, Paris, 1974, p. 9-33.

Lyons, John D. *Exemplum : the Rhetoric of Exemple in Early Modern France and Italy*, Princeton, 1989.

Macrobe, *Saturnalia*, trad. Henri Deschamps *et al.*, Paris, 1845.

McKinley, Mary. *Words in a Corner : Studies in Montaigne's Latin Quotations*, Lexington, 1981.

Mahoney, Albertus, *Virgil in the Works of Prudentius*, Washington, 1934.

Malebranche, Nicolas, *Recherche de la vérité*, éd. G. Rodis-Lewis, Paris, 1962.

Mann, Thomas, *Die Entstehung des Doktor Faustus*, Amsterdam, 1949.

Marrou, Henri-Irénée, *Histoire de l'éducation dans l'antiquité*, 2e éd., Paris, 1950.

Martial, *Epigrammes*, éd. et trad. H. J. Izaac, Paris, 1969.

Meister, Claus, *Die Gnomik im Geschichtswerk des Thukydides*, Winterthur, 1955.

Meißinger, Karl August, *Erasmus von Rotterdam*, Vienne, 1942.

Mewis, Felix, *De Senecae philosophi studiis litterarum*, Königsberg, 1908.

Meyer, Herman, *Das Zitat in der Erzählkunst : zur Geschichte und Poetik des europäischen Romans*, Stuttgart, 1961.

Moreau, Pierre, *Montaigne, l'homme et l'œuvre*, 2e éd., Paris, 1958.

Newald, Richard, *Das Nachleben des antiken Geistes im Abendland bis zum Beginn des Humanismus*, Tübingen, 1960.

Niemeyer, Paul, *Die Sentenz als poetische Ausdrucksform*, Berlin, 1934.

Nolhac, Pierre de, *Pétrarque et l'humanisme*, Paris, 1965.

Norden, Eduard, *Die antike Kunstprosa vom VI. Jh. v. Chr. bis in die Zeit der Renaissance*, Berlin, 1909.

North, Helen, "The Use of Poetry in the Training of the Ancient Orator", *Traditio* 8 (1952), 1-33.

Orose, Paul, *Histoires (contre les païens)*, éd. et trad. Marie-Pierre Arnaud-Lindet, Paris, 1990-1991.

Pabst, Walter, *Novellentheorie und Novellendichtung*, Hamburg, 1953.

Panzer, Friedrich, "Vom mittelalterlichen Zitieren", *Sitzungsberichte der Heidelberger Akademie der Wissenschaften*. Philosophisch-historische Klasse. 1950, 2. Abhandlung.

Parslow, Morris, "Montaigne's Composition : a Study of the Structure of the Essays of the Third Book", *Dissertation Abstracts*, 16 (1956), 123.

Pasquier, Étienne, *Choix de lettres sur la littérature, la langue, et la traduction*, éd. Dorothy Thickett, Genève, 1956.

Peter, Hermann, *Wahrheit und Kunst : Geschichtsschreibung und Plagiat im klassischen Altertum*, Leipzig/Berlin, 1911.

——. *Der Brief in der römischen Literatur*, Leipzig, 1901.

Pétrarque, *Le Familiari*, éd. Vittorio Rossi, Florence, 1933-1942.

Pfeiffer, Rudolf, *Humanitas erasmiana*, Leipzig, 1931.

Pire, G. "De l'influence de Sénèque sur les *Essais* de Montaigne (suivi de la table des principaux emprunts faits par Montaigne à Sénèque)," *Les Etudes classiques* 22 (juill. 1954), p. 270-286.

Plattard, Jean, *Montaigne et son temps*, Paris, 1933.

——. "Les Sentences inscrites au plafond de la bibliothèque de Montaigne", *Revue des cours et conferences* 1 (1934), 19-31.

Plutarque, "Quels animaux sont les plus avisés, ceux de la terre, ou ceux des eaux", *Œuvres morales*, trad. Jacques Amyot. Paris, 1575.

Porteau, Paul, *Montaigne et la vie pédagogique de son temps*, Paris, 1935.

Quintilien, *Institution oratoire*, éd. et trad. Henri Bornecque, Paris, s. d.

Rawski, Conrad-H. "Petrarch's Scholarship in his *De remediis utriusque fortunae* : a Preliminary Inquiry", in *The Classics in the Middle Ages*, éd. Aldo S. Bernardo et Saul Levin, Binghampton, 1990, p. 283-302.

Reiff, Arno, *Interpretatio, imitatio, aemulatio : Begriff und Vorstellung literarischer Abhängigkeit bei den Römern*, Cologne, 1959.

Renaudet, Augustin, *Études érasmiennes*, Paris, 1939.

——. *Humanisme et renaissance : Dante, Pétrarque, Lefèvre d'Étaples, Rabelais*, Genève, 1958.

Rhetorica ad Herennium, éd. et trad. Henri Bornecque, Paris, s. d.

Richter, Mario, "Due temi di Ph. Du Plessis Mornay e due sonetti di J. -B. Chassignet", *Studi Francesi* 17 (1962), 276-279.

Riffaterre, Michael, "Un faux problème : l'érosion intertextuelle", *Le Signe et le texte. Etudes sur l'écriture au 16e siècle en France*", éd. Lawrence D. Kritzman, Lexington, 1990, p. 51-60.

Röttger, Jakob, *Das Zitat bei Platon*, Tübingen, 1961.

Rohde, Erwin, *Der griechische Roman und seine Vorläufer*, Leipzig, 1876.

Rüdiger, Horst, *Wesen und Wandlung des Humanismus*, Hamburg, 1937.

Rüegg, Walter, *Cicero und der Humanismus : formale Untersuchungen über Petrarca und Erasmus*, Zürich, 1946.

Rupprecht, Karl, "Paroimia" et "Parroimiographoi" *in Pauly's Realencyclopädie*, t. 18^4, col. 1735-1778.

Sabbadini, Remigio, *Il metodo degli umanisti*, Florence, 1925.

——. *Storia del ciceronianismo*, Turin, 1885.

Sainte-Beuve, *Causeries du lundi*, Paris, 1943.

——. *Port-Royal*, Paris, 1901.

Saintsbury, George, *A History of Criticism and Literary Taste in Europe*, 2e éd., Edimbourg/Londres, 1905.

Saitta, Giuseppe, *Il pensiero italiano nell'umanesimo e nel rinascimento*, Bologne, 1949-1951.

Samaras, Zoë, *The Comic Element of Montaigne's Style*, Paris, 1970.

Sandys, John Edwin, *A History of Classical Scholarship*, Cambridge, 1921.

Sayce, Richard A., "L'ordre des Essais de Montaigne", *Bibliothèque d'humanisme et renaissance* 18 (1956), 7-22.

——. "Baroque Elements in Montaigne", *French Studies* 8 (1954), 1-16.

Schalk, Fritz, "Das Wesen des französischen Aphorismus", *Die Neueren Sprachen* 41 (1933), 130-140, 421-436.

——. *Einleitung in die Encyclopädie der französischen Aufklärung*, Munich, 1936.

——. "Einleitung", Leon Battista Alberti, *Über das Hauswesen (Della famiglia)*, trad. Walther Kraus, Zürich/Stuttgart, 1962, p. v-xxxiii.

——. "L. B. Alberti und das Buch *Della famiglia*", *Romanische Forschungen* 62 (1950), 402-414.

——. *Das Publikum im italienischen Humanismus*, Krefeld, 1955.

Scharrer, Walther, *Wilhelm Raabes literarische Symbolik dargestellt an Prinzessin Fisch*, Munich, 1927.

Schlicher, John J., "The Moods of Indirect Quotation", *American Journal of Philology* 26 (1905), 60-88.

Schwen, Charles, *Vergil bei Prudentius*, Leipzig, 1937.

Schnabel, Walter. *Montaignes Stilkunst : eine Untersuchen vornehmlich auf Grund seiner Metaphern*, Breslau, 1930.

Schopenhauer, Arthur, "Über Schriftstellerei und Stil" ["Réflexions sur l'écriture et le style"], *Sämtliche Werke*, Stuttgart, 1894-1895, t. 11, p. 182-232.

Scott, John A., "The Assumed Inferiority of Literary Borrowings", *Classical Journal* 16 (1920), 114-115.

Schon, Peter, *Vorformen des Essays in Antike und Humanismus : ein Beitrag zur Entstehungsgeschichte der "Essais" von Montaigne*, Wiesbaden, 1954.

Seippel, Rudolphus, *De veterum scriptorum Graecorum ratione auctores laudandi*, Greifswald, 1903.

Spengel, Leonhard von, éd. *Rhetores graeci*, Leipzig, 1885

Sénèque. *Épîtres à Lucilius*, éd. François Préchac et trad. Henri Noblot, Paris, 1976.

Spingarn, Joel Elias, *A History of Literary Criticism in the Renaissance*, New York, 1925.

Stackelberg, Jürgen von, "Das Bienengleichnis : ein Beitrag zur Geschichte der literarischen *Imitatio* (Ronsard, Montaigne)", *Romanische Forschungen* 68 (1956), 271-293.

——. *Humanistische Geisteswelt*, Baden-Baden, 1956.

——. "Über ein Lieblingsthema Petrarcas", *Romanische Forschungen* 76 (1964), 194-201.

——. éd., *Humanistische Prosatexte aus Mittelalter und Renaissance*, Tübingen, 1957.

Stahlenbrecher, Werner, *Die Dichterzitate in Ciceros Korrespondenz*, Hambourg, 1957.

Staiger, Emil, "Entstellte Zitate", *Die Kunst der Interpretation : Studien zur deutschen Literaturgeschichte*, Zürich, 1955, p. 161-179.

Stapfer, Paul, *Montaigne*, Paris, 1895.

Stemplinger, Eduard, *Das Plagiat in der griechischen Literatur*, Leipzig/Berlin, 1912.

Strowski, Fortunat, *Montaigne*, Paris, 1906.

Süss, Wilhelm, *Ethos* : *Studien zur älteren griechischen Rhetorik*, Leipzig/Berlin, 1910.

Switalski, Bronislaus W. "Die erkenntnistheoretische Bedeutung des Citats : ein Beitrag zur Theorie des Autoritätsbeweises" (*Verzeichnis der Vorlesungen am kgl. Lyceum zu Braunsberg im Sommersemester* 1905), Braunsberg, 1905.

Tarrant, Dorothy, "Plato's Use of Quotations and other Illustrative Material", *Classical Quarterly* 45 (1951), 59-67.

Teipel, Gottfried, *Zitiergesetze in der romanistischen Tradition*, Kiel, 1953.

Térence. *Comédies*, éd. et trad. J. Marouzeau, Paris, 1947.

Tetel, Marcel, *Présences italiennes dans les "Essais" de Montaigne*, Paris, 1992.

Thibaudet, Albert, *Montaigne*, éd. Floyd Gray, Paris, 1963.

Thomas, Jean, "Sur la composition d'un essai de Montaigne (3.9)", *Bibliothèque d'humanisme et renaissance* 5 (1938), 297-306.

Toffanin, Giuseppe, *Storia dell'Umanesimo*, Naples, 1933.

Traube, Ludwig, *Einleitung in die lateinische Philologie des Mittelalters*, Munich, 1911.

Tournon, André, "L'*Essai* : un témoignage en suspens" in *Carrefour Montaigne*, éd. Fausta Garavini, Genève/Pise, 1994, p. 117-145.

Traeger, Wolf Eberhard, *Aufbau und Gedankenführung in Montaignes Essays*, Heidelberg, 1961.

Traube, Ludwig, *Einleitung in die lateinische Philologie des Mittelalters*, Munich, 1911.

Ullmann, Berthold Louis, *Studies in the Italian Renaissance*, Rome, 1955.

Vauvenargues, Luc de Clapiers, marquis de, *Œuvres posthumes et œuvres inédites*, Paris, 1857.

Villey, Pierre, *Les Sources et l'évolution des "Essais" de Montaigne*, Paris, 1908.

——. *Les Livres d'histoire moderne utilisés par Montaigne*, Paris, 1908.

——. *Les Sources d'idées au seizième siècle*, Paris, 1912.

——. *Montaigne devant la postérité*, Paris, 1935.

Virgile, *Énéïde*, éd. et trad. Jacques Perret, Paris, 1977-89.

——. *Géorgiques*, éd. et trad. Henri Goelzer, Paris, 1947.

Voigt, Georg, *Die Wiederbelebung des klassischen Alterthums*, 2e éd., Berlin, 1932.

Voltaire, lettre à M. le comte de Tressan du 21 août 1746, *Œuvres complètes*, éd. Louis Moland, Paris, 1880, tome 36, p. 466-467.

Voßler, Karl, *Poetische Theorien der italienischen Frührenaissance*, Berlin, 1900.

Weinreich, Otto, *Senecas Apocolocyntosis*, Berlin, 1923.

Weise, Georg, "Das Prinzip der klassischen Geisteshaltung", *Bibliothèque d'humanisme et renaissance* 16 (1954), 153-171, 284-297.

Wellek, René et Austin Warren, *La Théorie littéraire*, trad. Jean-Pierre Audigier et Jean Gattégno, Paris, 1971.

Welter, J. -Th., *L'Exemplum dans la littérature religieuse et didactique du moyen âge*, Paris/Toulouse, 1927.

Wendland, Paul, *Anaximenes von Lampsakos*, Berlin, 1905.

Wijkström, Bertil, *Studier över Parafrasen i latinsk Prosa*, Göteborg, 1937.

Wirth, Hermann, *De Vergili apud Senecam usu*, Fribourg, 1900.

Wirtz, Erika A., "Zitat und Leitmotiv bei Thomas Mann", *German Life and Letters* ns 7 (1953-1954), 126-136.

Wittkower, Elly, *Die Form der "Essais" von Montaigne : ein Ausdruck seiner Lebens und Kunstanschauung*, Berlin, 1935.

Wolffheim, Hans, "Der Essay als Kunstform" in *Festgruß für Hans Pyritz*, Heidelberg, 1955, p. 27-30.

Zangroniz, Joseph de, *Montaigne, Amyot et Saliat : étude sur les sources des "Essais"*, Paris, 1906.

Zanta, Léontine, *La Renaissance du stoïcisme au seizième siècle*, Paris, 1914.

Ziegler, Konrat, "Plutarchos von Chaironeia", *Pauly's Realencyclopädie*, t. 21^1, col. 636-962.

——. "Plagiat" in *Pauly's Realencyclopädie*, t. 20^2, col. 1956-1997.

Zielinski, Thaddeus, *Cicero im Wandel der Jahrhunderte*, 3e éd., Leipzig/Berlin, 1912.

Zillinger, Wilhelm, *Cicero und die altrömischen Dichter*, Würzburg, 1911.

INDEX DES NOMS PROPRES

INDEX DES TEXTES CITÉS DE MONTAIGNE

TABLE DES MATIÈRES